KB119134

파도치는 인생에서
다시 길을 찾는 법

THE
POWER
OF
PURPOSE

파도치는 인생에서
다시 길을 찾는 법

삶의 목적을 찾아가는 필생의 로드맵

리처드 J. 라이더 지음 | 정지현 옮김

위즈덤하우스

인생에서 길을 잃었을 때 다시 길을 찾는 법

누구나 자신의 삶에 목적이 있기를 바란다. 세상에 태어난 이유가 분명히 있는 중요한 존재이기를 원한다. 모두가 중요하고 의미 있는 삶을 살고 싶어 한다.

로사 파크스가 삶의 목적을 찾은 순간은 미국이라는 나라를 통째로 바꿔놓았다. 그녀는 1955년 12월 1일에 앨라배마주 몽고메리에서 백인 승객에게 버스 좌석 양보하기를 거부했다가 체포되었다. 그녀의 행동은 버스 보이콧 운동으로 이어져 앨라배마에 흑백 통합 버스 제도를 시행시켰고 미국 전역에 인권 운동이 일어나는 계기를 마련했다.

의미는 매우 중요하다. 모든 인간은 의미를 찾고자 노력한다. 하지만 보통은 인생에서 거대한 파도를 만난 듯 위기가 닥쳐서 어쩔 수 없을 때만 의미를 짚어본다. 체포되거나 병에 걸리거나 죽음이나 이혼, 실직 같은 것을 경험할 때 말이다. 평소에는 삶을 당연시하며 살아가다가 위기에 놓여야만 깨달음을 얻고 중요한 질문을 던진다. 위기는 목적의 순간을 앞당긴다. 위기의 순간이 닥치면 중요한 질문과 정면으로 마주한다. 과연 내가 살아가는 이유는 무엇인가?

어느 정신없는 금요일, 피츠버그행 427기가 오후 4시 50분에 시카고 오헤어 국제공항을 출발할 예정이었다. 빌은 처음 참석하게 된 대학교 이사회의 집행 위원회 회의를 위해 피츠버그로 가야 했다. 탑승 시간이 가까워졌을 때 그를 찾는 안내 방송이 흘러나왔다. 가장 가까운 탑승구의 직원에게 가보라는 내용이었다. 탑승구 직원은 빌에게 회의가 취소되었다고 전했다. 11년 만에 처음 있는 일이었다.

빌은 427 항공편의 탑승이 시작되기 직전에 탑승권을 반납하고 공항 로비로 갔다. 비서 낸시가 집으로 돌아가는 애틀랜타행 비행편을 새로 예약해주었다. 그는 집으로 돌아가는 자동차 안에서 휴대전화로 아내 발레리에게 전화를 걸었다. 그의 목소리를 듣자마자 아내가 감정에 북받쳐 울음을 터트리면서 말했다. "당신 아직 모르는구나! 당신이 타려던 비행기가 피츠버그 공항에 거의 도착해서 추락했대. 생존자는 한 명도 없고."

빌은 큰 충격을 받았다. 그는 그렇게 고속도로 한가운데에서 삶의 목적을 깨닫는 순간을 맞이했다.

"그저 차분하고 평온한 기분이었습니다. 신이 손바닥으로 나를 감싸주었음을 깨달았죠." 집에 도착한 그는 가족과 기쁨의 눈물을 흘리며 뜨거운 포옹을 나누었다. 거실의 TV에서는 끔찍한 비행기 추락 사고가 보도되고 있었다. "삶이 영원하지 않다는 걸 잘 압니다. 내 삶은 잠깐 연장된 것뿐입니다."

빌은 신이 자신의 삶을 위해 계획해놓은 일이 더 있다고 생각했다. 간신히 죽음을 피한 뒤 월요일에 출근했을 때 삶의 목적을 어렴풋이 알 수 있었다. 미국에서 가장 큰 보험사의 리더였던 빌은 앞으로 '가치 지향적인 사람'을 키우는 것이 자신의 진정한 목적임을 깨달았다. 그것은 그의 목적이자 회사의 목적이 되었다. 빌은 새로 주어진 소중한 삶을 조금도 낭비하지 않고 사람들을 돕는 데 쓰기로 결심했다.

무엇을 위해 아침에 일어나는가?

- 삶의 목적
- 목표나 방향
- 존재 이유
- 아침에 일어나는 이유

앞의 세 가지는 몰라도 아침에 일어나는 이유에 대해서는 생각해본 적이 있을 것이다. 살면서 한 번쯤은 말이다. 이 책은 그 답을 찾는 과정이다. 그리고 찾아낸 그 답, 즉 삶의 목적에 담긴 힘이 발휘될 수 있도록 도와주고자 한다.

목적이란 무엇인가?

—

목적은 내 안의 가장 깊숙한 부분이 적극적으로 표현된 것이다. 내가 어떤 사람이고 왜 태어났는지 마음 깊은 곳에서는 그 답을 알고 있다. 따라서 목적은 우리의 삶이 가리키는 방향이자 활력의 원천이며 진정한 자신의 모습이다. 자기 자신과 미래를 더 분명히 바라볼 수 있게 해주는 창과도 같다.

목적은 나이와 건강, 경제 및 사회적 상황과 상관없이 존재한다. 당신이 세상에 태어난 이유이자 아침에 일어나는 이유이기도 하다. 자신의 가치관을 적극적으로 실현하고 연민의 태도로 타인을 바라보게 하며 세상에 보탬이 되는 일을 하고자 아침에 일어나게 만든다. 한마디로 목적은 삶에 의미를 부여하며 우리가 파도치는 인생에서 길을 잃었을 때 다시 길을 찾는 법을 알려준다.

목적에는 어떤 힘이 있을까?

—

이 책의 원제인 '목적의 힘(The Power of Purpose)'에 들어가는 힘

(Power)이라는 단어는 매우 중요한 의미를 지닌다. 웹스터 사전에서는 'Power'를 '무언가를 수행하거나 행동으로 옮기거나 창조하는 능력 또는 역량'으로 정의한다.

힘을 발휘하는 목적은 따로 있다. 그렇기 때문에 정말로 필요한 목적인지 신중하게 살펴봐야 한다. 결국 목적이 위력을 발휘할 수 있는가는 가치 있는 일인지에 달려 있다. 정말로 강력한 목적은 자아의 바깥에 존재한다. 자아를 초월하는 거대한 목적은 달성하고 나면 사라지는 목표와 달리 그 심오한 의미가 평생 이어진다.

인간은 누구나 의미 있는 존재가 되고 싶어 한다. 남에게 베풀고 최고의 자아를 지향한다는 사실을 알려주는 증거가 필요하다. 그것이 바로 목적이다. 삶의 목적을 찾아야만 스스로 가치 있다고 생각하는 일을 할 수 있다.

인생의 목적에 신경 쓸 시간이 없다는 사람들이 많다. 우리는 정말로 바쁘다. 점점 복잡해지는 세상에서 살아남느라 시간 가는 줄도 모르고 정신없이 살아가고 있다. 우리는 "무엇을 위해 아침에 일어나는가?"라는 질문의 답을 찾으려고 이런저런 일을 해본다. 하지만 사실은 그 질문을 피하려고 일부러 바쁘게 사는 것이기도 하다. 그러다 보면 불안해지고 몸과 마음에 병이 생긴다. 결국은 이런 생각에 빠지고 만다. "지금껏 도대체 뭘 하고 산 거지?"

목적을 어떻게 찾을 수 있을까?

—

좋은 방법이 있다. 아침에 일어나는 이유가 있으면 삶에 시간이, 시간에는 삶이 생긴다. 무슨 말인지 모르겠다고? 자세히 이야기해보겠다.

아침에 일어나는 이유를 찾기란 물론 쉽지 않다. 쉽다면 모든 사람이 삶의 이유와 목적을 알고 매 순간 실천하며 살아가고 있을 테니까. 하지만 내 경험에 의하면 자신이 누구인지 분명하게 알면 나머지는 자연스럽게 따라온다.

어떤 사람들은 삶의 목적을 찾아가는 여정을 자연스럽게 시작한다. 그런가 하면 그 과정이 불편하거나 부자연스럽게만 느껴지는 사람들도 있다. 소수는 눈알을 굴릴 것이다. 목적을 기꺼이 찾으려는 사람과 회의적인 태도를 보이는 사람을 모두 끌어당기려면 쉽고 실용적인 이정표가 필요하다. 이 책이 바로 그런 역할을 한다. 아침에 일어나는 이유를 찾고자 하거나 다음과 같은 질문을 던지는 사람을 위한 책이다.

- 난 길을 잃은 것 같아. 어떻게 하면 찾을 수 있을까?
- 어느덧 중년의 나이가 되었네. 내 인생에 무슨 의미가 있지? 남은 인생을 어떻게 살아야 할까?
- 나는 그동안 정신적으로 많이 성장했어. 어떻게 하면 그 성장

을 일과 연결할 수 있을까?

- 지금 커다란 변화(졸업, 결혼, 이직, 실직, 이혼, 질병, 사랑하는 사람의 죽음)에 놓인 나는 어떻게 삶의 의미와 방향을 찾아야 할까?
- 이만하면 외적인 성공은 거뒀어. 내면의 충만함은 어떻게 찾아야 할까?

이 책은 이런 심오한 질문을 고민하면서 인생의 후반기를 보내고 있는 사람들을 인터뷰하고, 그들이 나눠준 지혜에 성인발달과 상담심리학 분야에 관한 내 연구를 합쳐서 탄생했다. 나는 그들에게 구체적으로 물었다. "인생을 다시 시작할 수 있다면 어떻게 다르게 살 것인가?"

그들의 대답에 공통으로 등장한 세 가지 주제가 있었다. 많은 응답자가 비슷한 이야기를 했다.

- 더 깊이 성찰할 것
- 더 용기 낼 것
- 더 일찍 분명한 삶의 목적을 찾을 것

나는 그들의 이야기를 듣고 목적이 원래부터 인간의 영혼 깊숙이 자리하는 것이라고 결론 내렸다. 모든 사람은 세상에 보탬이 되고자 하는 욕망과 능력이 있다. 누구나 발자국을 남기고 싶어 한다.

인간은 서로를 참고하며 타인에게 배움을 얻는다. 그러나 타인의 인생 목적을 그대로 따르지는 않는다. 목적을 찾아가는 여정은 평생 끝나지 않는데 사람에 따라 적극적으로 찾기도 하고 막연한 허전함을 느끼며 헤매기도 한다.

목적을 찾는 여정은 자신의 삶에 목적이 있다는 믿음에서 시작된다. 그런 확신은 책에서 얻을 수 없다. 스스로를 믿어야만 한다. 단계적으로 과정을 잘 따라가면 자신만의 목적을 찾을 수 있다. 목적 찾기는 단 하나의 깨달음이 아니다. 반드시 겪어야만 하는 일련의 과정이다.

목적을 찾으려는 사회적 움직임

지난 10년 동안 목적에 대한 관심이 폭발적으로 증가했다. 심리학자들은 목적이 행복으로 가는 길이라고 말한다. 과학자들은 건강과 웰빙(Well-being)에 필수적이라고 강조한다. 경영 전문가들은 목적이 생산성 향상과 조직 구성원 간의 신뢰에 중요하다고 주장한다. 의학 전문가들은 삶의 목적이 있는 사람일수록 병에 걸릴 위험이 적고 오래 산다는 사실을 발견했다.

아주 오래전부터 인간은 삶을 이해하고 의미를 찾고자 수많은 방법을 시도했다. 기도, 수련, 음악, 자연, 공동체, 감사, 용서… 전통적으로 삶의 목적은 영적인 측면과 연결되어 있다. 예전에는 치유자, 사제, 주술사가 인간을 신적인 존재와 이어줌으로써 육체와 영혼의 건강, 온전함을 회복해주는 역할을 맡았다. 사람에게 목적이 꼭 필요하다는 사실을 인류는 꽤 오래전부터 알고 있었던 셈이다.

이와 같은 사실은 이제 과학적으로도 증명되고 있다. 목적은 피할 수 없는 시련이 닥쳤을 때 돌파구를 제시해주고 살아갈 의지를 마련해준다. 삶의 목적이 없으면 죽을 수도 있는 존재가 바로 인간이다. 삶의 목적이 있을때 인간은 존엄성을 지키며 연민의 태도를 가지고 살 수 있다.

나는 목적을 찾고 실천하는 용기를 모으는 과정이 오늘날 현대인의 성장에 가장 중요한 과제라고 생각한다. 첨단 기술로 세계가 하나로 연결되어 정신없이 바쁘게 돌아가는 상황에서 목적 찾기는 사회적 움직임으로까지 확장되고 있다. 이런 시대일수록 영원히 변치 않고 그 어떤 것과도 바꿀 수 없는 무언가가 더욱 중요해질 수밖에 없다. 목적이 그렇다. 연령대와 상관없이 현대인은 빠르게 변하는 세상에 대처하기 위해 새로운 지혜를 찾고 있다. 삶의 목적과 의미라는 아주 오래된 질문에 21세기에 걸맞은 답을 찾아야만 한다. 요즘 시대의 목적은 사회적 움직임, 내면이 이끄는 탐색이라는 특징을 지닌다. 우리는 목적의 시대에 살고 있다고 해도 과언이 아니다.

청소년기와 성인초기를 무사히 지나왔다고 해서 남은 인생 역시 평탄할 것이라 생각해서는 안 된다. 인간은 끊임없이 변한다. 가치와 우선순위가 바뀌고 믿음이 커졌다 의심으로 번졌다가 또 돌아오기도 한다. 관계가 발전하고 깨졌다가 회복된다. 삶의 활력을 잃었다가 새로운 관심사가 생기기도 한다. 이 모든 것이 합쳐져서 복잡한 인생을 이룬다. 따라서 목적은 한 번 발견했다고 해서 끝이 아니다. 한평생 여러 시점에서, 보통은 중대한 위기와 변화를 거치면서 점점 발전한다.

이 책의 출간에 부쳐
—

나는 죽을 때까지 목적을 공부하며 배움과 성장을 계속해왔다. 이 책에 담긴 통찰도 나와 함께 성장했다. 이 책의 교훈은 연구와 실천, 독자들의 이야기로부터 나왔다. 좋은 책은 좋은 학교나 선생님과 같아서 언제든 다시 들춰보며 평생 배움을 얻을 수 있다.

애초에 이 책을 쓰기로 한 것은 우리가 계속 변화하는 세상에서 살고 있으며 누구에게나 주어지는 고유한 선물과 재능을 가치 있게 쓸 수 있다는 믿음 때문이었다.

이 책은 40년에 걸친 나의 연구와 다양한 연령대의 사람들이 경험한 목적 여정을 바탕으로 한다. 이 책은 지속적인 개정을 통해 새로운 이야기가 추가되었고 원래 내용이 업데이트되기도 했다. 이 책을 세미나와 수업, 독서 모임, 영성 및 스터디 모임에서 활용하는 방법에 대해 물어본 사람들이 많아 뒷부분의 참고 자료도 추가했다.

내가 보기에 적합하다고 생각되는 대로 순서를 구성했지만, 사람마다 필요와 관심사가 다르므로 원하는 순서대로 읽어도 상관없다.

나는 목적을 찾아가는 여정에서 영혼이 우리의 삶을 움직이고 영향을 준다고 믿는다. 이 믿음은 사람들의 목적을 찾도록 도와주는 내 일의 출발점이기도 하다. 다원주의 사회에서 출발점에 대한 생각은 사람마다 다를 수 있다. 괜찮다. 하지만 특정 종교적 관점을 드러내거나 생각이 다른 사람들을 배제하려는 의도가 전혀 없음을 분명하게 밝힌다. 다만 이 출발점은 내가 개인 간의 차이를 받아들이는 이유다. 나는 모든 사람에게 존재의 이유가 있으며 모두가 저마다의 목적을 찾기 전까지 세상은 불완전하다고 믿는다. 당신이 삶의 목적을 찾길 바란다. 이 책이 당신을 도와줄 것이다.

리처드 J. 라이더

차례

들어가며 | 인생에서 길을 잃었을 때 다시 길을 찾는 법 ··· 5

1부 | 인생의 파도에 휩쓸리고 있을 때

| 1장 | 스스로를 진단해보는 시간 ··· 21

인생을 잘 사는 사람들은 목적의 순간을 경험한다 | 내가 평생 해야 할 일 | 가치 있는 삶을 살기 | 지금 잘 살고 있는 건가? | 인생의 절반쯤 왔을 때 꼭 필요한 것들 | 다들 삶의 목적이 있는데 나는? | 가장 기억에 남는 멘토

| 2장 | 우리가 목적에 대해 잘못 알고 있는 것들 ··· 31

희망의 마라톤 | 당신이 목적에 대해 잘못 알고 있는 네 가지 | 목표 찾기 | 목표보다 목적이 먼저다 | 당신이 이 세상에 태어난 이유 | 누구에게나 특별한 재능이 있다

| 3장 | 목적을 찾아가는 길 ··· 43

목적에 이르는 길 | 파도를 헤치며 새로운 길을 찾는다 | 백만분의 일의 확률 | 목적은 죽지 않는다 | 의미 있는 삶이었는가?

| 4장 | 선물과 재능 ··· 53

목적은 행동이다 | 생명에의 경외 | 우연한 만남 | 목적을 찾기 위한 세 가지 과제 | 당신의 이야기를 찾아라 | 당신의 재능을 찾아라 | 호기심을 깨워라

2부 | 어떻게 살아야 할지 모르겠다면

| 5장 | 당신의 목적은 어느 단계에 놓여 있는가? · · · 65

선택의 힘 | 목적의 세 단계

| 6장 | 당신의 이야기를 찾아라 · · · 72

삶이 당신에게 무엇을 요구하는가? | 목적에 이르는 세 가지 길

| 7장 | 당신의 재능을 찾아라 · · · 80

재능은 누구에게나 있다 | 재능을 확인해보자 | 즐기면 최선을 다하게 된다

| 8장 | 호기심을 깨워라 · · · 88

누군가는 나서야 해! | 호기심을 자극하는 질문 | 호기심의 힘 | 내가 잘하는 일은 어떻게 도움이 될 수 있을까? | 삶과 생계를 합쳐라

3부 | 정말로 중요한 것에 집중하게 만드는 힘

| 9장 | 하루 동안 삶에 대해 돌아보기 · · · 101

목적 찾기 휴가 | 시작해보자 | 목적 찾기 휴가를 가는 이유 | 목적을 찾는 일곱 가지 질문 | 거대한 질문 | 선택은 힘이다 | 살기 위해서는 성장이 필요하다 | 성장해야 나눌 수 있다 | 목적은 의도다 | 목적 선언문을 쓰기 전에 | 목적 선언문쓰기 | 기본 목적으로 일주일 살기

| 10장 | 소명 의식을 가지고 일하기 · · · 114

무언가를 창조하는 일 | 목적은 생명을 연장해주는가? | 소명에 귀 기울이려면

| 11장 | 지금 하는 일에서 의미를 찾지 못한다면 · · · 120

성공이란 무엇인가? | 성취감을 주는 일 찾기 | 지금 하는 일은 목적에 부합하는일인가? | 일에서 충만함 찾기 | 과연 무엇을 위해서?

4부 인생의 고비마다
길을 잃지 않는 법

| 12장 | 다시 길을 찾는 법을 배울 수 있는 곳 ··· 131

목적 학교는 어디에? | 다시 살펴보는 매슬로의 이론 | 목적 학교에서 가르쳐주
는 네 가지 교훈 | 행복을 설명하다

| 13장 | 오늘부터 어떻게 살 것인가? ··· 146

우리가 치러야 하는 대가 | 잠깐 멈춤 버튼을 눌러라 | 5분 멈추기 연습 | 목적
수행 모임 만들기

| 14장 | 목적이 있는 사람이 더 오래 산다 ··· 156

목적 프로젝트 | 바이탈리티 프로젝트 | 새로운 에디나 프로젝트 | 남을 도울 때
몸이 더 건강해진다 | 스트레스가 필요하다

| 15장 | 과학으로 목적을 설명할 수 있을까? ··· 168

영적인 성장 | 종교가 아니라 영성 | 결국 영적인 여정이다 | 영적인 목적 | 연민
의 수행 | 과학자들도 신에게 기도할까? | 궁극적인 삶의 목적 | 삶을 살아라 |
목적은 건강관리 비용을 줄여준다 | 목적 처방전 | 행복하면 더 건강할까? | 행
복보다 의미가 건강에 유익할까? | 행복하려면 이유가 있어야 한다 | 가치 있는
가?

감사의 말 ··· 191

참고 자료 | 목적 진단 테스트 ··· 192
　　　　 | 목적에 부합하는 일인지 알아보는 퀴즈 ··· 196
　　　　 | 목적 수행 모임 만들기 ··· 198

주석 ··· 200
참고문헌 ··· 204

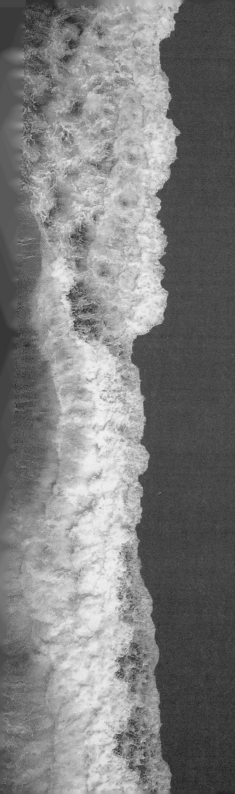

1부

인생의 파도에
휩쓸리고 있을 때

1장   스스로를 진단해보는 시간 ▶

> 난 그저 일이 끝나고 집에 가려고 했을 뿐이다.
>
> 로사 파크스(Rosa Parks)

당신의 목적은 무엇인가? 우리는 모두 저마다 주어진 특별한 선물을 세상에 나누고자 태어났다. 당신이 나눠줄 선물은 무엇인가?

목적을 찾아가는 길에서 내디뎌야 할 첫걸음은 바로 굵직한 가닥과 주제가 담긴 인생 이야기를 뒤져서 나만의 재능, 열정, 가치를 찾아보는 것이다. 그다음에는 매일 힘찬 하루를 시작하게 해주는 목적 선언문을 써야 한다. 그 선언문에는 당신의 이야기가 녹아 있어야 하고 당신이라는 사람의 본질이 담겨야 한다. 그리고 작성한 목적 선언문을 바탕으로 매일 행동하는 것이다. 목적이 있는 삶을 살면 앞으로 어떤 일이 벌어질지 머릿속에 그릴 수 있다. 중요한 것은 말이 아니라 행동이다.

그러니 우선 목적을 진단하는 것부터 시작해보자. 우리는 정기적으로 건강진단을 받는 것을 당연하게 생각한다. 주머니 사정도 틈나는 대로 확인한다. 건강과 재정 문제를 살펴보는 것이 필수라면 그쪽 분야의 방법을 활용해 정기적으로 삶의 의미를 짚어보는 것도 현명한 일이다. 그렇게 하면 우리의 영혼, 즉 목적의식을 건강하게 점검해볼 수 있다.

인생을 잘 사는 사람들은 목적의 순간을 경험한다

잠깐 시간을 내어 목적 진단 테스트를 해보자(192쪽). 기억하기 쉽도록 일 년에 한 번씩 생일마다 테스트하는 것을 추천한다. 목적은 웰빙에 꼭 필요하다. 목적은 인간을 인간답게 만들어주고 살아갈 힘과 끈기도 제공한다. 그뿐만이 아니다. 매일 아침에 일어나는 이유가 된다. 목적은 오래토록 건강하고 행복한 삶을 사는 데 꼭 필요하다.

목적은 행복한 인생의 대표적인 조건이다. 웰빙을 누리는 사람들의 삶에는 의미의 순간, 즉 '목적의 순간(Purpose Moment)'이 공통으로 나타난다. 이 장에서는 목적의 순간이 왜 중요한지 살펴보고 그 순간을 직접 경험해볼 수 있도록 도와줄 것이다.

내가 평생 해야 할 일

웰빙과 삶의 질은 온전함을 찾는 데 달려 있다. 건강(Health), 치유(Heal), 온전함(Whole), 신성함(Holy) 같은 단어는 모두 똑같은 뿌리에서 나온다. 이는 온전한 성장이 돈과 건강의 문제만이 아니라 의미의 문제이기도 하다는 사실을 분명하게 알려준다.

삶의 목적(우리가 아침에 일어나는 이유)은 성장에 있어 필수적이다. 친구들에게 "삶의 목적이 무엇인가?"라는 질문을 한다고 생각해보자. 과연 어떤 답이 가장 많이 나올까? 사람들의 대답은 비슷할까 아니면 전혀 딴판일까?

물어보나 마나 뻔한 대답이 나올 텐데 물어보는 것 자체가 시간 낭비라고 생각할지도 모른다. 하지만 그렇지 않다. 삶의 주기마다 어떤 상황에 놓여 있는지에 따라 사람들의 답은 달라진다. 나는 그 질문의 답을 찾는 일을 직업으로 삼고 헌신했다. 수많은 사람에게 같은 질문을 해볼 수 있는 특권도 있었다. 이를 통해 대다수가 삶의 목적을 비슷하게 정의한다는 사실을 알게 되었다. 표현은 조금씩 다를지라도 답을 공통으로 관통하는 것이 있었다.

"삶의 목적은 사는 동안 내가 해야 할 일이자 평생 함께하는 것이다."

가치 있는 삶을 살기

당신의 목적은 무엇인가? 답을 탐구하는 과정이 공개적이든 개인적이든 이것은 건강, 치유, 온전함, 신성함을 위해 꼭 파고들어야 하는 질문이다. 결국은 어떤 질문을 하느냐, 알면서도 하지 않느냐, 할 생각도 못 하느냐가 우리의 삶을 좌우한다.

무엇이 삶을 가치 있게 만들어주는지, 무엇이 삶에 의미와 목적을 주는지 물으면 대다수가 "사랑하는 사람"이라고 답한다. 인간관계는 나이와 상관없이 일과 더불어 삶의 질에 중대한 영향을 끼친다. 누구를 얼마나 사랑하는가는 하루를 살아가게 하는 강력한 힘이 된다.

그런 관점에서 고립은 현대인에게 매우 심각한 문제다. 최근 인생을 혼자 산다고 느끼는 사람이 전체 인구의 절반에 해당한다고 한다. 현대인은 친구들과 보낼 시간이 부족하다고, 그냥 아는 사이가 아니라 진정한 친구가 있었으면 좋겠다고 불평한다. 너무 바쁜 생활 때문에 그냥 친구는 많지만 진정한 친구는 드물다는 것이다.

바쁘게 살아가기는 너무 쉽다. 한숨 돌릴 틈조차 없이 할 일은 항상 넘쳐난다. 주의하지 않으면 바쁜 삶이 의미 있는 삶이라고 착각하기 쉽다. 해야 할 일이 넘쳐나면 숨 돌릴 틈도 없어지고 진정한 친구에 대한 목마름도 사라지지 않는다. 해야 할 일은 우리를 항상 한발 앞지른다. 물론 바쁜 와중에도 목적을 찾는 데 집중하고 에너지를 쏟는 사람도 있지만 그저 간단한 해결책이 나타나기를, 의미 있는 삶을 알아서 살 수 있기를 바라며 마냥 기다리는 사람이 더 많다.

지금 잘 살고 있는 건가?

메트라이프 노년시장 연구소(MetLife Mature Market Institute, MMI)는 정교한 시장 조사 기법을 적용해 인생의 목적에 대해 연구했다. MMI는 내가 그간 공부해온 것을 토대로 연구에 필요한 모델을 만들었다. '중요한 것 발견하기(Discovering What Matters)'라고 이름 붙인 이 연구는 사람들이 살면서 변화를 맞이할 때 어떤 식으로 우선순위를 다시 정하는지를 살펴보는 것이었다. 나이, 성별, 경제적 상황 혹은 인생 단계에 상관없이 대다수가 의미 있는 일, 가족, 친구와 보내는 시간에 가장 큰 우선순위를 두었다.

삶의 목적이 있는 사람일수록 행복을 느꼈고 좋은 삶을 살고 있다고 답했다. 목적을 가진 사람들은 현재 중요한 일에 집중하고 있으며 꿈꾸는 미래의 모습도 분명했다.

이 연구는 대부분의 사람이 목적이라는 개념을 그저 말뿐이라도 매우 중요하게 여기고 있음을 보여준다. 목적이 삶의 전반적인 방향을 가리킨다고 말한 사람들도 있었다. 여러 중요한 선택들의 우선순위를 삶의 목적에 따라 정한다는 이들도 있었다. 하지만 목적에 따라 일상적인 선택을 어떻게 내리는지 솔직하게 말하는 것을 어려워하는 사람들도 많았다.

　그렇다면 목적은 좋은 사치품일까? 아니면 매우 강력한 기본 개념일까? 목적이 인생을 잘 사는 사람과 그렇지 못한 사람의 차이라는 사실이 응답자들의 대답에서 드러났다. 인생의 목적이 있다고 말한 사람의 84%가 "지금 잘 살고 있다"고 답했다.

인생의 절반쯤 왔을 때 꼭 필요한 것들
—

　연구자들은 삶을 직접 설계해보는 방법을 활용해 앞으로 5년 후에 무엇을 하고 있을지에 대한 응답자들의 예상을 평가했다. 돈, 건강, 의미, 장소 총 네 가지 범주에 해당하는 다양한 활동에 각각 다른 '인생 점수'를 할당했다. 다양한 연령대의 응답자들이 가족, 친구와 보내는 시간에 가장 많은 인생 점수를 할당했고, 특히 노인들은(65~74세) 의미와 관련 있는 활동에 집중했다.

　이 연구는 의미와 목적을 추구하는 것이 인간의 기본 욕구이며 나이가 많을수록 의미와 목적이 있는 삶을 중요시한다는 사실을 분명하게 보여준다. 이는 나이, 소득, 자산에 따라 약간 차이는 있지만 사람들이 어떤 상황에서 진정한 행복을 느끼는지를 보여주는 결과다.[1]

다들 삶의 목적이 있는데 나는?

—

브로드웨이의 역사상 21번째 장수 뮤지컬이자 토니상(Tony Awards)을 여러 차례 수상한 〈애비뉴 Q(Avenue Q)〉는 목적 연구의 결과를 흥미진진하게 보여준다. 이 뮤지컬은 전 세계의 여러 무대에도 올랐는데 내가 본 것은 런던의 길구드 극장(Gielgud Theater)에서였다.

〈애비뉴 Q〉는 어린이 TV 프로그램 〈세서미 스트리트(Sesame Street)〉에서 큰 영감을 얻었다(형식도 똑같다). 배우들이 무대에서 조종하는 꼭두각시 인형이 등장인물이고, 배경도 뉴욕시 외곽 허름한 동네의 공동주택이다. 하지만 캐릭터들이 20대, 30대라서 취학 아동이 아닌 성인들이 겪는 문제를 다루므로 〈세서미 스트리트〉를 보고 자란 성인들에게 더 적합하다. 이 뮤지컬에는 삶의 목적을 찾으려고 고민하는 주인공의 모습이 반복적으로 등장한다.

특히 나는 '목적(Purpose)'이라는 제목의 노래가 흘러나올 때 완전히 푹 빠졌다. "다들 삶의 목적이 있는데 그렇다면 내 목적은 뭐지?"라는 가사에 근처 객석이 술렁거렸다. 관객들은 "삶의 목적은 당신의 엉덩이에 불을 붙이는 작은 불꽃, 삶의 목적은 기름을 빵빵하게 채운 차를 운전하는 것"이라는 가사에 웃음을 터뜨렸다. 그날 나는 목적이 대중의 관심사로 떠올랐음을 실감하며 극장을 떠났다. 삶의 목적이라는 심오한 주제가 마침내 극장에까지 진출해 런던과 뉴욕을 누비고 젊은층과 노인층을 사로잡았다. 〈애비뉴 Q〉는 나에게 목적에 대해 생각하게 만드는 중요한 순간을 선사했다. 목적은 삶의 중심이 무엇인지, 무엇을 중요하게 여기면서 하루하루 살아가는지 알게 해준다.

가장 기억에 남는 멘토

나에게 처음으로 삶의 목적을 생각하게 만든 사람은 리처드 구스타보비치 로이슈(Richard Gustavovich Reusch) 교수였다. 대학교 첫 수업 시간, 작은 키의 대머리 남자가 들어왔다. 그는 초록색과 갈색이 들어간 체크무늬 스포츠 코트에 고동색 조끼, 검정 넥타이, 영국 기마병 스타일의 능직물 면바지, 윤기 나는 코도반 가죽 구두 차림이었다. 내가 기대한 교수의 모습과 완전히 달랐다. 그는 신병들을 말없이 보는 교관처럼 강의실을 훑었다. 그러고는 억양 심한 말투로 수업을 시작했다. 지금까지도 그의 세계 종교 수업이 토씨 하나 틀리지 않고 그대로 기억난다.

로이슈 교수는 시험지를 자신의 사무실에서 직접 받아 가라고 하여 학생들을 일일이 만났다. 그의 사무실에서 이루어진 대화의 주제는 시험 성적만이 아니었다. 1학년 1학기 기말고사가 끝나고 낙제 위기에 처한 나는 교수를 찾아갔다. 파이프 담배 냄새와 탄자니아에서 40년 동안 마사이족 선교사로 일하며 수집한 아프리카 기념품들로 가득한 사무실의 풍경이 아직도 생생하다. 그처럼 탁월한 이야기꾼은 처음이었다.

"정말 어떻게 해야 할지 모르겠어요. 학교를 계속 다니고 싶은데 다 망쳤습니다. 저는 어떻게 해야 할까요?"

그는 다른 교수들과 달랐다. 로이슈 교수가 보여준 태도는 내 삶을 바꾸었다. 그는 수업에 관해서는 묻지 않고 내 이야기를 해달라고 했다. 이제까지 그런 질문을 하는 교수는 없었다. 한 시간 후 나는 새로운 길을 찾은 채로 그의 사무실을 나섰다. 로이슈 교수와 함께한 시간은 거의 영적인 체험처럼 느껴졌다.

20년 후 나는 탄자니아로 가서 킬리만자로를 올랐다. 놀랍게도 정상에 있는 분화구 이름이 로이슈였다. 로이슈 박사는 킬리만자로를 65회나 오르며 해발고도를 정확히 계산했고 분화구를 발견했다. 그리고 이 분화구에 자신의 이름을 붙였다. 게다가 그는 20개 국어를 구사했고 독일어, 영어, 스와힐리어로 종교와 역사, 지리 분야의 책을 썼다.

로이슈 분화구를 계기로 그에 대해 더 알고 싶어진 나는 다시 탄자니아를 찾았다. 그를 아는 사람들을 인터뷰해보니 놀랍게도 그의 인생은 영화 〈아라비아의 로렌스〉와 굉장히 비슷했다. 그는 동양학자이자 대학교수, 루터교 목사, 정치적 망명자, 동아프리카 선교사, 등반가, 민족지학자, 첩자, 언어학자, 역사학자였고 명예 마사이족 전사였다. 전 세계 기자들의 관심 대상이기도 했다. 정말 대단한 사람이었다. 로이슈 교수는 미네소타의 대학교에서 교회 역사, 비교 종교학, 펜싱 수업을 가르쳤다. 그의 아카이브 자료에는 나 같은 젊은이들과 학부모, 탄자니아의 마사이족 지도자들이 쓴 감사 편지가 가득했다. 심지어 마사이족 지도자들은 "제발 다시 오셔서 우리를 또 도와주세요"라고 편지를 썼다.

로이슈 교수는 작은 시골 교회에서 선교사로서의 봉사활동을 마무리 지었다. 그가 사임 날짜를 발표한 것은 세상을 떠나기 2주 전이었다. 그 사임 날짜가 그의 장례식 날이 되었다.

로이슈 교수는 필요와 해결책이 만나면 기적이 일어난다는 말을 자주 했다. 그날 그의 사무실에서 내가 기적을 본 것도 그가 살아온 인상적인 삶 덕분이었다. 그는 내가 만나본 사람 중 가장 확실한 목적을 가진 사람이었다. 그의 목적은 "인생에서 충성심은 중요하다"였다. 요한계시록의 "네가 죽도록 충성하라 그리하면 내가 생명의 관을 네게 주리라(개역 개정판 - 옮긴이)"라는 구절에서 따온 것이었다.

목적은 개인의 유산을 정의한다. 로이슈 박사의 목적은 분명했다. 삶에 대한 충성심은 가족, 공동체, 관계, 일, 영적 활동을 통해 표현될 수 있다. 무엇에 충성하든 삶은 고스란히 돌려준다.

앞으로 몇 살까지 살 것 같은가? 그 나이가 된 자신을 상상해보자. 인생을 돌아보았을 때 나의 유산이라고 말할 수 있는 것은 무엇일까? 당신은 목적이 있는 삶을 살았는가? 죽기 전에 삶에 충성했다고 말할 수 있으려면 목적의 순간을 어떻게 만들어가야 할까?

2장   우리가 목적에 대해
잘못 알고 있는 것들 ▶

홀로코스트 생존자이자 정신의학자이며《죽음의 수용소에서》를 쓴 빅터 프랭클(Viktor Frankl) 역시 나에게 큰 영향을 끼쳤다. 그는 많은 사람이 인생에 질문을 던지지만 반대로 인생으로부터 질문을 받아야 한다고 주장했다. 우리는 묻는다. 인생이 나에게 무엇을 주지? 내가 원하는 대로 이루어질까? 내가 얻을 이익은 무엇이지? 하지만 반대로 인생으로부터 질문을 받는다면 더욱더 강력한 지혜를 얻을 수 있다. 인생으로부터 질문을 받는 열린 태도는 목적을 찾아가는 길이기도 하다. 목적을 찾는 심오한 순간에 우리는 그저 연명하는 삶에서 한걸음 물러나 인생으로부터 질문을 받을 수 있다. 위기의 순간일수록 사소한 걱정거리, 갈등, 집착에서 벗어나 모든 순간이 중요하다는 사실을 깨닫는다.

암 치료사 칼 사이먼튼과 스테파니 사이먼튼은 환자들에게 이렇게 조언한다.

"잠시 하던 일을 멈추고 우선순위와 가치를 다시 정하세요. 사랑받기 위해서 남들이 원하는 사람이 되지 말고 진정한 나 자신이 되어야 합니다. 이제는 솔직해지지 않으면 안 됩니다. 당신은 지금, 진정 살고 싶다면 진짜 내가 되어야만 하는 지점에 서 있기 때문입니다."[2]

이보다 더 좋은 조언이 있을까?

목적을 찾아가는 길에서 피할 수 없는 운명과 마주했을 때 우리는 인생으로부터 질문을 받을 수 있다. 중요한 것은 우리가 그 상황에 대해 취하는 태도다. 이 장에서는 인생으로부터 질문받는 법을 가르쳐주고자 한다.

희망의 마라톤

목적의식은 그냥 주어지지 않는다. "그래, 나는 중요한 사람이야. 내 인생도 중요했으면 좋겠어"라는 생각으로 목적을 선택함으로써 얻어진다. 목적의식은 안에서 나오므로 있는지 없는지는 자신만이 알 수 있다. 다시 말해, 아침에 일어날 이유가 있는지 없는지는 자기 자신만 알고 있다.

테리 폭스(Terry Fox)의 사례를 살펴보자.[3] 이 젊은 캐나다인은 삶의 목적을 찾아야 하는 필요성을 일찍 깨달았다. 테리는 열여덟 번째 생일 이틀 후 오른쪽 무릎에 악성 종양이 생겼다는 사실을 알게 되었다. 종양의 전이를 막으려면 당장 다리를 절단해야만 했다. 하루아침에 인생이 바뀐 충격적인 사건이었지만 테리는 자기연민에 빠지지 않았다. 병실이라는 한정된 공간에서 그는 삶의 목적, 자신이 살아야 할 이유를 어렴풋이 발견했다.

사람들은 보통 커다란 위기에 빠졌을 때 존재의 이유에 대해 생각한다. 하지만 꼭 그럴 필요는 없다. 테리 폭스의 이야기를 들어보자.

"저처럼 다리를 잃거나 끔찍한 병에 걸릴 때까지 기다리지 마세요. 지금 당장 시간을 내서 자신이 어떤 사람인지 돌아보세요. 지금 바로 시작하세요. 누구나 할 수 있습니다."

테리는 다리 절단 수술을 받고 2주 후에 항암 치료를 시작했다. 암 병동에서 겪은 고통스러운 치료 과정은 암 환자의 절반 이상이 끝내 회복하지 못한다는 사실을 상기시켰다. 그는 자신에게 중요한 것, 자신을 움직이는 것이 무엇인지 생각했다. 병원을 떠나지 못하는 사람들을 위해 무언가를 하기로 결심했다. 그가 찾아가기 시작한 인생의 목적은 구체적인 프로젝트로 확고해졌다. 캐나다 전역을 달려 암 퇴치 기금 100만 달러를 모아서 캐나다암협회(Canadian Cancer Society)에 기부하겠다는 프로젝트였다.

목적의 힘은 운동신경이 그저 그런 사람을 5개월 동안 매일 마라톤을 뛰는 사람으로 변신시켰다. 그는 의족까지 차고 달렸지만 희망의 마라톤 4분의 3 지점에 이르렀을 때 그만두어야 했다. 암세포가 폐까지 전이돼 마라톤을 완주할 수 없었기 때문이다.

그러나 1년 후 그가 죽음을 맞이했을 때는 이미 목표가 달성되어 있었다. 수백만 달러가 모였고 수십만 명에게 영감을 주었다. 그의 삶이 테리에게 질문했고 테리는 대답했다.

테리 폭스의 사례는 많은 사람이 믿고 싶어 하는 사실을 보여준다. 인생에는 목적이 있고, 우리는 태어난 이유가 있으며, 하는 일이 중요하다는 것. 한 사람의 단호한 의지는 특별할 것 없어 보이는 아이디어를 엄청난 성공으로 바꿔놓았다. 그는 목적에 집중하면 세상을 변화시킬 수 있다는 교훈을 주었다. 그리고 그런 행동의 동기는 마음에서 나온다.

당신이 목적에 대해 잘못 알고 있는 네 가지

테리 폭스의 이야기가 특별한 사람에게만 해당하고 자신과 거리가 먼 일이라고 생각된다면 당신이 목적에 대해 잘못 알고 있기 때문이다.

목적을 찾았을 때 앞으로 나아가려면 자신에 대한 의구심과 장애물을 극복해야 한다. 평소 목표 지향적인 사람뿐만 아니라 평범한 사람들에게도 해당되는 이야기다. 이 책에 나오는 사람들도 모두 평범한 사람들이다. 목적의 힘을 활용하지 못하는 데에는 이유가 따로 있다. 바로 네 가지 편견 때문이다. 읽으면서 생각해보자. 혹시 당신도 잘못된 편견에 빠져 있지 않은가?

첫 번째 편견: 누구도 하지 않은 일이어야 한다

진실: 과연 세상에 정말로 새로운 것이 있을까? 모든 아이디어와 발명품은 이전의 것을 토대로 만들어진다. 새로운 과학적 발견도 이미 존재하는 기본적인 사실을 바탕으로 한다. 기존의 개념을 다시 구성하거나 응용한 결과인 경우가 많다. 목적을 찾을 때는 이 사실을 받아들여야 한다. 새로운 생각은 대개 기존의 것을 빌리거나 더하거나 합치거나 바꾼 결과물이다. 계주하듯이 바통을 이어받아 한 바퀴 달리는 것과 같다.

행동: 목적의 역설은 새로운 해결책을 찾으려면 우선 타인의 생각에 익숙해져야 한다는 것이다. 그래야 나만의 생각이 만들어지는 토대가 마련된다. 최대한 정보를 많이 모아라(절대로 충분할 수 없다는 사실을 알고). 그러고는 결정을 내려야 한다. 목적이 있는 인생을 살기로 선택하라.

두 번째 편견: 목적을 찾는 사람은 특별한 소수뿐이다

진실: 사람들이 자기합리화를 위해 가장 많이 끌어들이는 편견
이다. 우리는 성자와 현자, 전문가에 기대어 문제를 해결하
려고 한다. 하지만 역사적으로 살펴보면 평범한 사람들이
전문지식도 전혀 없는 분야에 발자취를 남긴 경우가 허다
하다. 초보자라는 사실이 오히려 유리하게 작용할 때가 많
다. 기존의 관점에 영향을 받지 않기 때문이다.

행동: 목적의 힘은 개인의 전문성이 아니라 쏟아붓는 에너지에
비례한다. 가장 큰 차이점은 열정이므로 열정에 불을 붙이
는 것이 중요하다.

**세 번째 편견: 인생의 목적은 영감이나 계시로 나타나므로 그 순간
을 기다리며 대충 살면 된다**

진실: 목적이 '어느 순간 갑자기 튀어나온다'는 편견은 창의적인
아이디어와 새로운 삶의 방향이 탁월하고 운 좋은 사람들
에게만 계시처럼 등장한다고 믿게 만든다. 운 좋은 소수만
이 인생의 목적을 찾는다고 말이다. 그렇게 생각하면 당연
히 아무 일도 일어나지 않는다. 영감이 떠오르기를 마냥 기
다리는 일은 말도 안 된다는 사실이라는 걸 성공한 사람들
이 증명해줄 것이다.

행동: 먼저 행동하고 그다음에 돌아보라. 영감은 행동하는 사람에

게 찾아온다. 일단 시작하면 목적은 어디에서나 나타난다.

네 번째 편견: 목적은 사치다. 먹고사느라 바빠 죽겠는데!

진실: 평소 우리는 너무 바빠서 애초에 내가 이 일을 왜 하는지
조차 잊어버린다. 모든 행동에 의미가 사라지는 것이다. 헨
리 데이비드 소로(Henry David Thoreau)는 직설적으로 말했다.
"바쁜 게 다가 아니다. 개미도 바쁘다."

정작 떠올려야 할 질문은 이것이다. 무엇 때문에 바쁜가?
"물론 마음이야 있지만 그럴 시간이 어디 있어? 배우자, 아
이들, 직장일, 대출금이 나를 붙잡고 있는데 도대체 시간이
날 리가 있나?"

어디서 많이 들어본 말인가? 실제로 시간은 많은 사람에
게 커다란 장애물이다. 하지만 시간이 날 때까지 기다리는
것은 다 쓰고 남은 돈을 저축하는 것만큼 헛된 일이다.

행동: 목적 찾기에 시간을 쏟으려면 다른 데 쓰는 시간을 훔쳐 오
는 수밖에 없다. 목적은 정말로 중요한 우선순위에 에너지
를 쏟게 해준다. 그것이 바로 목적의 힘이다.

목표 찾기

테리 폭스는 정말 내 삶에 큰 영향을 끼쳤다. 슈퍼리어호(Lake

Superior) 주변에서 캠핑을 하다가 온타리오주 선더베이(Thunder Bay) 외곽을 달리는 테리 폭스를 만난 적이 있다. 붉은 조명이 반짝이는 고속도로 순찰차와 '희망의 마라톤' 배너가 옆면에 걸린 승합차 사이에서 달리던 테리 폭스의 눈빛을 나는 잊을 수 없다. 그 단호한 눈빛은 현실에서 실제로 가동되는 '목적의 힘'이 어떤 모습인지 알려주었다. 예상치 못했던 만남이 뿌린 씨앗은 이 책의 탄생으로 이어졌다. 그의 눈빛은 나에게 물었다. 스스로 질문을 던지도록 만들었다. "인생은 나에게 무엇을 요구하는가?"

나는 어릴 때부터 동기를 부여하는 방법에 대해 관심이 많았다. 동기를 부여하는 방법을 찾으면 내 인생도 풍요로워질 것만 같았다. 그래서 온갖 자기계발서를 모두 읽었다. 그 책들은 하나같이 인생의 목표를 결정하는 것이 첫걸음이라고 이야기했다. 부푼 마음으로 자리 잡고 앉아 내 인생의 목표를 써보려고 했다. 그런데 도무지 아무것도 생각나지 않았다.

자기계발서에서는 성공하기나 특정한 액수의 돈 벌기 같은 구체적인 목표를 가져야 한다고 했다. 하지만 그런 목표들은 내 마음을 사로잡지 못했다. 나는 테리 폭스처럼 분명한 인생의 목적, 목표를 의미 있게 만들어주는 목적을 찾을 수 없었다. 나에게 문제가 있는 것 같다는 의심이 들기 시작했다.

어떤 목표에 전념할 때마다 예상외의 성공을 거두기는 했지만, 자기계발서에서 말하는 성취감을 느끼지는 못했다. 하나의 목표에 열중하다가도 또 다른 목표에 흥미가 생겼다. 열정적으로 헌신하지 않았다. 단순한 생계 수단이나 매번 바뀌는 목표가 아니라 목적을 위해 일하고 싶었다.

목표보다 목적이 먼저다

목적의식을 찾은 테리 폭스 같은 사람들에 대해 말할 때면 마음이 불편해지던 시기가 있었다. 너무 이상적이고 비현실적으로 보이는 목표 같아서 생각하고 싶지 않았기 때문이다. 내가 생각하는 목적은 곧 목표였는데 테리 폭스가 그 생각을 바꿔놓았다. 목표가 목적과 같지 않다는 사실을 깨달았다.

'무엇을' 해야 하는지를 뜻하는 목표보다 '왜' 해야 하는지를 뜻하는 목적을 먼저 받아들이기로 했다. 인생의 목적을 다시 그렸다. 이번에는 자기중심적인 목표를 따르지 않고 나 자신의 바깥에 자리하는 목적을 천천히 찾아가고자 노력했다.

테리 폭스는 진정한 기쁨이 무엇인지 보여주었다. 살아 있음을 느끼게 해주는 것은 목표가 아니었다. 목적의식으로 목표를 받아들일 때야말로 진정 살아 있음을 느낄 수 있다는 사실을 깨달은 것이다. 테리 폭스는 인생으로부터 질문받는 법을 배웠고 관심의 초점을 자신에게서 타인으로 옮겼다.

그렇다면 목적은 일도 역할도 목표도 아니다. 목적은 방향이다.

나의 인생이 정말로 중요하다는 믿음이다. '왜?'라는 질문은 의지를 행동으로 옮기게 한다. 따라서 목적은 마음의 자세이자 선택이다. 어떤 상황에 있든 선택하는 것이다. 무슨 일을 하든 나라는 사람의 재능과 에너지를 쏟겠다는 선택이다.

목적에는 더 중요하거나 덜 중요한 것이 없다. 언제든 자신에게 주어진 재능으로 커다란 신념이나 대의에 반응한다면 그것이 바로 당신의 목적이다.

당신이 이 세상에 태어난 이유

누구나 세상에 태어난 이유와 목적이 있다는 말을 들어보았을 것이다. 그런 생각을 한 번도 해본 적 없다면 지금부터라도 새로운 눈으로 인생을 돌아봐야 한다. 저마다 태어난 이유가 있다는 말에 관심이 생겼다면 자신의 회의적인 태도에 이의를 제기해야 할 수도 있다.

어쩌면 당신은 오래전부터 꼭 해야 할 일이 있다고 생각해왔을지도 모른다. 인생의 목적을 찾기만 하면 더할 나위 없이 기쁠 것이다.

누구나 태어난 이유가 있다는 말을 어떻게 생각하든 괜찮다. 마음 깊은 곳에서는 태어난 이유가 있다고 믿고 싶을 테니까.

사람들이 그 사실을 믿기 어려워하는 이유는 스스로를 그렇게 대단한 존재라고 생각하지 않아서다. 자아를 초월하는 관점이란 자신에게 세상을 변화시킬 힘이 있다고 믿는다는 뜻이다. 테리 폭스처럼 굉장한 목적의 순간을 경험해보지 못했더라도 이 순간을 살아가고 있다는 이유만으로 당신은 세상을 바꿀 수 있다. 자아를 초월해 거대한 관점에서 생각한다는 것은 인생의 목적을 받아들이면 세상에 보탬이 될 수 있음을 안다는 의미다.

누구에게나 특별한 재능이 있다

당신에게는 이미 목적이 있다. 당신도 꽤 잘 알고 있다. 목적은 개인이 절대로 할 수 없거나 상상하지도 못하는 무언가가 아니다.

인생의 목적을 찾는 것은 자기의식과 선택의 과정이다. 많은 사람이 그러하듯 당신은 자신의 재능을 별것 아니라고 치부하며 가장 소중한 자산을 보지 못하고 있을지도 모른다. 테리 폭스처럼 특별한 사람만이 목적을 찾을 수 있다고 생각할 것이다. 스스로 특별하다고 생각해본 적이 한 번도 없을 수도 있다.

그렇다면 이제 새로운 눈으로 자신을 바라봐야 한다. 내가 세상에 하나뿐인 특별한 존재임을 받아들여라. 자신의 인생이 그 누구 못지않게 중요하다고 믿고 그 믿음에 따라 행동해보자. 어떻게 살고 일하고 관계를 맺을 것인지 스스로 선택해보는 것이다.

목적에 대한 편견을 버리는 순간 바로 힘이 생긴다. 이 세상에 내가, 내 능력이 필요하다는 것을 느낄 수 있을 것이다. 잘못된 편견으로 인해 내 행동과 생각이 영향을 받을 때마다 우리는 알아차려야 한다. 그럼 어떻게 편견에서 벗어날 것인가?

3장   목적을 찾아가는 길   ▶

우리는 구불구불한 길에 서 있다. 직선에서는 성장할 수
없다. 구불구불한 길에는 좌절과 어둠이 있지만 중간중간
빛도 있다.
이 사실을 기억한다면 그 길에서 버틸 수 있으리라.

크리스틴 잠벅카(Kristin Zambucka, 뉴질랜드 태생의 작가)

모든 인생에는 파도가 온다. 목적으로 이어지는
구불구불한 길 위에서 우리는 위기를 맞이한다. 목적에 닿는 길은
확실히 있다. 우리는 인생의 단계마다 달라지는 질문을 품고서 그
길을 찾고자 애쓴다. 그 길의 탐색은 인간이 성숙해지기 위해 가장
중요한 일이기도 하다. 이 길이 반드시 목적에 닿는다는 것을 알면
제일 나은 선택을 통해 앞으로 계속 나아갈 수 있다.

보통 살아가면서 경험이 쌓임에 따라 목적도 바뀐다. 특정 나이
에 이르거나 위기에 처하거나 인생에서 중요한 것을 자연스럽게
깨달으면서 새로운 목적의식이 생기기 마련이다.

나이가 들면서 새로운 질문을 떠올리는 것은 자연스러운 일이다. 이 장은 목적에 이르는 길을 찾도록 도와줄 것이다.

목적에 이르는 길

목적에 이르는 길이 잘 이해되지 않는다면 나선 모양을 떠올려보자. 랜덤하우스에서 출판한 비축약판 사전(Unabridged Dictionary of the English Language)에서는 나선(Spiral)을 "고정된 지점이나 중심점 주위를 계속 움직이면서 멀어지는 곡선"이라고 정의한다. 이처럼 '나선'이라고 하면 특정한 중심점 주변을 끝없이 빙빙 도는 모습이 떠오른다. 목적의 길과 나선형 계단에는 분명히 비슷한 점이 있다. 일관성 있는 패턴을 제공하는 중심점이 존재한다는 것이다. 삶을 앞뒤로 계단이 많은 나선형의 계단이라고 생각해보자.

나선형은 목적을 이해하는 자연스러운 패턴이다. 우리는 살면서 여러 단계를 거치고 이와 함께 목적도 변화한다. 성장을 통해 이전의 인간관계나 장소, 목적을 뒤로하고 점점 나아간다. 새로운 성장을 위해 다음 단계로 발전하는 것이다.

팻 머피(Pat Murphy)와 윌리엄 닐(William Neill)은《자연의 디자인(By Nature's Design)》에서 이렇게 말했다.

"자연은 직선을 그리는 경우가 드물다. 앵무조개의 우아한 나선형

껍질부터 앵무조개의 성장이 암호화된 DNA의 이중나선 구조까지 세상은 멋진 곡선으로 가득하다."[4]

사람은 영원히 아이로 머무르지 않는다. 다양한 인생 단계를 거치는 동안 지혜와 성숙함을 얻는다. 성장의 길에서 단계를 거치면서 여러 방향을 바라보고 많은 질문을 떠올린다. 인생의 단계마다 고유한 질문이 있는데 어떻게 답하느냐에 따라 길도 달라진다.

삶은 답해야 할 질문과 배워야 할 교훈으로 이뤄진 끝없는 탐색 과정이다. 우리는 단계마다 몸과 마음, 감정의 통찰을 얻으면서 각성하고 성장한다.

지나온 인생 단계를 돌아보면 그때마다 자연스럽고도 핵심적인 질문이 있었음을 알 수 있다. 그 질문은 인생의 중요한 진리를 가르쳐주고 다음 질문으로 안내한다.

살아 있음을 느끼려면 질문을 재구성하는 법을 배워야 한다. 이제는 필요 없어진 질문을 내려놓고 새로운 질문을 떠올린다는 뜻이다. 모든 단계가 더 큰 성장을 이루는 토대로써 중요하다.

파도를 헤치며 새로운 길을 찾는다

목적을 찾는 과정에서 다음 단계로 나아갈 때마다 확신이 없어지는 시간도 따라온다. 중요한 질문을 새롭게 조율하는 혼란의 시기다. 실제로 인생의 단계는 전혀 예측 불가능하다. 어쩌면 진행이나 단계보다는 '즉흥적'이라는 단어가 더 잘 어울릴지도 모른다.

인류학자 메리 캐서린 베이트슨(Mary Catherine Bateson)은 《죽을 때까지 삶에서 놓지 말아야 할 것들》에 성년기는 선형적이 아니라 유동적이며 일관성이 없을 수도 있다면서 이렇게 적었다.

"청소년들에게 성공한 인생으로 제시되는 모델은 너무 이른 결정과 헌신을 하게 만든다. 그래서 그들은 단 하나의 성장 궤도에 따라 교육적인 준비를 하게 된다. … 결과적으로 일찍 선택한 인생의 길이 덤불 속으로 사라졌음을 나중에 발견하는 피해자들이 많다."[5]

베이트슨은 성년기를 익숙하고 익숙하지 않은 요소들이 합쳐서 새로운 상황에 대응하는 '즉흥적인 예술'에 비유했다. 인생이 즉흥적인 예술인 이유는 사람들이 새로운 일을 원해서다. 사람들은 단순히 생계유지 수단뿐 아니라 의미 있는 일을 원한다. 다시 말해 먹고 사는 문제를 해결해주는 것은 물론 자신만의 고유한 재능도 활용할 수 있는 일을 하고 싶어 한다.

내 아들 앤드루 라이더(Andrew Leider)는 대다수 젊은이와 마찬가지로 대학 졸업 후 돈도 벌고 의미도 있는 직업을 가지고 싶어 했다. 어느 날 아침, 커피를 마시며 아들에게 물었다. "네 목적이 뭐니?" 앤드루는 바로 대답했다. "사회에 나가서도 나 자신을 잃지 않는 것이요."

앤드루는 대학 졸업 후에 남들과 똑같은 삶을 살고 싶지 않다고 했다. 앞으로 40년을 그렇게 산다고 생각하면 전혀 기대되지 않는다고 덧붙였다. 친구들이 변호사, 의사, 성직자, 사업가 등의 길을 갈 때 앤드루는 다른 질문을 탐색하고 있었다. 아들에게 가장 큰 질문은 이러했다. 가치를 타협하지 않으면서 내 시간과 바꿀 수 있는 일은 무엇일까?

여행을 좋아하는 앤드루는 아웃워드 바운드(Outward Bound)에서 운영하는 학교에 관심이 생겼다. 아웃워드 바운드는 자존감, 자립심, 배려심, 환경에 대한 애정을 길러주는 안전한 모험 프로그램을 운영하는 비영리 단체다. 아웃워드 바운드의 강사로 출발해 프로그램 총괄자가 된 앤드루는 자신에게 학습 프로그램을 설계하고 이끄는 탁월한 재능이 있음을 발견했다.

"아웃워드 바운드에서 일하며 성취감을 느낄 수 있어요. 돈을 많이 벌지는 못하지만 충분히 생계를 유지할 정도는 되고, 이 일을 통해 자부심을 느끼고 있어요."

아웃워드 바운드는 앤드루의 목적 여정에서 자연스럽게 한 과정을 차지했다. 그의 10년 후 목표 역시 분명했다. 앤드루는 이제 몬태나 옐로우스톤 익스페디션(Montana Yellowstone Expeditions)의 전무이사가 되어 세상과 마주한 청소년들을 이끌어주는 일을 하고 있다.

앤드루가 선택한 일에는 일과 삶을 합쳐주는 힘이 있다. 자신의 모든 것을 쏟아부을 수 있기에 가치관을 타협하지 않고 일할 수 있다.

현재 앤드루의 삶은 새로운 질문과 가능성을 지닌 단계로 들어섰다. 아웃워드 바운드 같은 다양한 단체의 코치이자 컨설턴트로 일하면서 하루가 다르게 쑥쑥 자라는 소중한 딸과 함께 시간을 보내고 있다.

백만분의 일의 확률

피터 드러커(Peter Drucker)는 직업과 관련된 선택에 대해 이렇게 말했다.

"첫 번째로 선택한 직업이 자신에게 맞을 확률은 백만분의 일이다. 첫 번째 선택이 올바른 선택이라고 생각한다면 엄청나게 게으른 사람이다." [6]

목적은 한 번에 생기지 않는다. 모든 일이 쌓여서 우리는 성장한다. 아무리 시간 낭비처럼 생각되는 일이라도 정말로 그런 경우는 드물다. 우리는 끊임없이 성장하고 인생의 교훈을 배우면서 목적의 길에 한 걸음 더 가까워진다.

우리는 임기응변을 발휘해 앞으로 나아갈 길을 만들어야 한다. 마음의 소리를 행동으로 옮기려면 용기가 필요하다. 우리는 어릴 때부터 타인의 목적을 따라 행동하라고 배웠다. 타인의 본보기를 참고하는 것에 그치지 않고 전적으로 의존하기도 한다. 부모, 또래 집단, 교사 같은 사람들의 모습을 그대로 따른다. 자신에게 의미 있는 선택이 아니라 타인의 기대에 따르는 선택이 더 쉽기 때문이다. 다른 사람의 기준에 너무 의존하다 보니 자신이 진정으로 원하거나 필요로 하는 것이 무엇인지도 모른다.

위험을 무릅쓰지 않고 그저 목적이 자연스럽게 생기기만을 기다리는 사람이 많다. 갑자기 신의 계시를 받아 재능이 드러나고 어딘가에 쓰이기를 마냥 바라는 것이다. 모든 조건이 완벽하게 갖춰지기 전까지는 어떤 것에도 절대 헌신하지 않는다. 하지만 무슨 일이 생기기를 기다리고만 있으면 얄팍하고 실망스러운 삶에 갇혀버린다. 목적의 길에서 앞으로 나아가지 못하고 멈춰만 있는 것이다.

목적을 찾지 못하면 관심도 없고 하고 싶지 않은 일을 하며 하루를 보내야 한다. 기다림에 너무 많은 시간을 쓰면 충만함을 느끼지 못하고 삶의 기쁨을 그리워하게 된다. 스쳐 지나가는 만족감밖에 느껴보지 못한 채로 죽음의 순간을 맞이할 수밖에 없다.

목적은 죽지 않는다

목적을 찾기 위한 필수조건 중 하나는 인간의 필멸성(Mortality)과 마주하는 것이다. 즉, 인간은 언젠가 죽는다는 사실을 알아야 한다.

그러기 위해서는 죽음과 친구가 되어야 한다. 목적을 따르는 삶은 죽음에 정면으로 마주한다는 뜻이다.

메리 폴리(Mary Foley)는 목적 여정을 끝내기도 전에 생을 마감했다. 그녀는 사람의 잠재력을 믿었고 자기 자신을 믿었다. 큰 제조기업의 보건 서비스 담당자였던 메리는 사람들이 인생의 목적을 찾을 수 있도록 긍정적인 기대를 심어준 보기 드문 멘토였다. 여성과 아이들에게 긍정적인 영향을 끼치는 것이 그녀의 목적이었다. 그녀는 같은 분야에서 일하는 여성들을 위한 멘토를 자청했다. 젊은 여성 직장인들의 꿈을 지지해줌으로써 삶의 목적을 찾았고 힘든 점과 질문도 함께 나누었다.

메리는 사람들에게 무슨 책을 읽고 있는지 묻거나 자신이 읽고 있는 책에 관해 이야기하는 것을 즐겼고 종종 책을 추천하고 나눠주었다. 그녀는 사람들에게 목적을 묻고 진심으로 관심을 기울였다.

안타깝게도 메리는 살해당했다. 메리는 수많은 젊은 여성이 다시 길을 찾도록 도와주었고 꿈꾸는 세상을 만들기 위해 할 수 있는 일을 했다. 비록 그녀는 세상을 떠났지만 메리 폴리의 친구들(Friends of Mary Foley)이라는 단체가 그녀의 뜻을 계속 이어가고 있다. 메리가 세상을 떠난 후에도 친구들은 해마다 그녀의 생일을 기념하고 축배를 들며 그녀의 뜻을 이어받아 기금과 자원을 모은다. 한 친구는 "메리만큼 많은 목적을 안고 살아간 사람은 없었어요."라고 말했다. 메리는 비록 생을 마감했지만, 그녀의 목적은 영원하다.

의미 있는 삶이었는가?

—

　메리 같은 사람은 우리에게 삶의 질을 높여주는 의미 있는 질문을 던진다. 우리는 유년기에 "나는 누구인가?"라고 묻는다. 청소년기에 이르러 그 질문은 "어떤 사람이 되어야 할까?"가 된다. 성인이 되면 "내 소명은 무엇인가?"라고 묻는다. 그리고 중년에는 "내 삶의 의미는 무엇일까?"라는 생각에 잠긴다. 좀 더 나이가 들면 "어떻게 하면 온전한 인간이 될 수 있을까?"를 고민한다. 마침내 노년에 접어들면 "내가 남길 유산은 무엇인가?"를 생각한다.

　인생의 단계마다 이런 질문을 떠올리고 살아간다면 나중에 인생을 돌아봤을 때 만족스러운 답이 나올 것이다. 반면 목적이 없으면 잠재력을 온전히 실현하지 못한 채 방황하면서 살게 된다. 나중에 인생을 돌아보았을 때 시간과 기회를 낭비한 것이 후회될 수밖에 없다.

　나치의 강제수용소에서 살아남은 독일의 정신의학자 빅터 프랭클은 목적과 의미를 찾는 것이 얼마나 중요한지 보여준다. 그는 삶의 목적과 의미가 선택권이 없어 보이는 절망적인 상황을 견디는 열쇠라고 주장했다. 빅터 프랭클을 포함해 의미와 목적의식을 잃지 않은 사람들은 끔찍하고 절박한 강제수용소의 상황을 초월했고 이후 자유의 몸이 될 수 있었다. 그는 목적의 힘이 정말로 중요한 것에 집중하게 해준다고 말했다. 목적은 시련을 이겨내고 후회 없는 인생을 살 수 있도록 돕는다.

어니스트 베커(Ernest Becker)는 자신의 책《죽음의 부정》에서 이렇게 주장했다.

"죽음에 대한 두려움은 다른 모든 두려움에 영향을 주는 기본적인 두려움이다. 아무리 위장해도 절대로 적응되지 않는 두려움이다."[7]

죽음을 정면으로 마주한다는 것은 목적을 정면으로 마주하는 것과 같다. 지나온 인생을 돌아보자. 10년마다 어떤 질문을 했는가? 지금은 어떤 질문을 안고 있는가? 현재 나의 마음을 꽉 채운 관심사는 무엇인가?

4장   선물과 재능   ▶

목적은 자신에게 주어진 선물을 자연스럽게 베푸는 선택이다. 사랑하는 사람들에게 당신이 필요했던 순간을 기억해보자. 누군가 당신에게 도움을 요청했던 순간 말이다. 좋아하는 사람들과 나누고 싶은 일과 재능에 대해 한번 생각해보는 것이다. 타고난 재능은 당신에게 매우 자연스럽고 쉬운 일이지만 누군가의 삶을 변화시킬 수도 있다.

타고난 재능이 선물인 이유는 세 가지다. 첫째, 노력해서 얻은 것이 아니라 태어나면서 거저 얻었기 때문이다. 둘째, 다른 사람에게 나눠주면 나에게도 돌아오기 때문이다. 셋째, 다른 사람이 당신에게 받는 선물이기 때문이다. 이 장은 당신에게 세상과 나눌 특별한 선물이 있고, 그 선물이 삶의 목적을 찾도록 도와준다는 사실을 알려줄 것이다.

목적은 행동이다

삶의 목적을 찾고 싶다면 행동해야 한다. 당신은 어떤 재능으로 타인을 도울 수 있는가? 당신은 타인을 각성시키고 영감을 주며 지지하는가? 설득하고 도전을 제시하며 가르치고 이끌 수 있는? 뭔가를 창조하고 구성하며 통달하는 일에 끌리는가? 돕고 귀 기울이며 사랑하고 수용하며 베푸는가? 가능성을 부여하고 성취하는가?

목적은 개인만의 특별하고 강력한 무언가를 말한다. 내가 자연스럽게 표현하고 기쁘게 나누는 것. 따로 노력하거나 배우지 않아도 지금 당신에게는 나눌 재능이 있다. 내면 깊은 곳에서 우러나 행하는 일이자 적극적으로 세상과 나누고 싶은 일이다. 목적은 남들에게 베풀라고 주어진 선물이다.

다음의 세 가지 질문에 답해보자. 너무 오래 생각해선 안 된다. 자연스럽게 떠오르는 답이 가장 좋은 답이다.

- 사람들이 찾아와 도움을 구하는 당신의 재능은 무엇인가?
- 남들이 "넌 그걸 참 잘해!"라고 말하는 당신의 재능은 무엇인가?
- 당신이 시간 가는 줄도 모르게 즐기면서 하는 일은 무엇인가?

생명에의 경외

1915년 9월의 늦은 오후, 알베르트 슈바이처(Albert Schweitzer)는 오고우에 강(Ogooue River)을 지나 중앙아프리카로 향하는 작은 증기선 갑판에 앉아 있었다. 프랑스령(領) 적도 아프리카 주민들에게 의료 봉사를 하러 가는 길이었다. 증기선은 하마로 가득한 강을 조심스럽게 지났다. 슈바이처는 하마에 부딪히지 않으려고 조심스럽게 배를 조종하는 선장의 모습을 바라보다 심오한 깨달음을 얻었다. 선장의 그런 모습이 삶의 가장 고귀한 목적을 상징한다는 것이었다. 다른 생명에 대한 경외심 말이다. 오랫동안 자신이 세상에 태어난 이유를 찾으려고 했던 슈바이처는 아프리카에서 삶의 목적과 '생명에의 경외'를 발견했다.

슈바이처는 하마를 다치게 하지 않으려고 조심하는 선장의 모습이 선물의 표현임을 알아보았다. 자신은 모르고 있을지라도 뛰어난 재능을 타고난 사람들이 아주 많다는 사실도 알게 되었다.

지표면 아래의 물줄기의 수보다 지표면 위에 흐르는 강물이 적은 것처럼 눈에 보이는 이상향도 사람이 가슴에 지닌, 아직 표출되지 않거나 거의 표출되지 않은 것과 비교해 적다. 인류는 지하의 물줄기를 수면 위로 끌어다 줄 사람을 기다리고 있다.[8]

주어진 재능과 일치하는 삶을 사는 기회는 곳곳에 널려 있다. 슈바이처는 자신의 재능을 이용해 다른 사람을 섬기면 행복해질 수 있다고 보았다. 그러면서 슈바이처는 "진정으로 행복해질 수 있는 사람은 봉사하는 방법을 찾은 이들이다"라고 이야기했다.

우리는 주어진 선물을 통해 살아 있음을 느낄 수 있다. 화가는 그림 작업에 완전히 몰두하면서 살아 있음을 느낀다. 순수하게 흥미를 느끼는 일에 몰두하면 자아가 사라지는 동시에 진정한 자아에 좀 더 가까워진다.

사람은 누구나 슈바이처처럼 자신의 이야기와 마주한다. 세상에 태어난 이유, 생명에의 경외를 분명히 정의해야만 하는 순간이 온다. 우리의 이야기는 중요한 질문에 대한 답이 만족스럽지 않을 때 등장한다. 질문만큼 우리의 삶을 결정 짓는 건 없다.

당신은 목적에 대한 질문에 뭐라고 답하겠는가? 당신의 이야기를 만드는 질문이 삶을 좌우한다. 한 사람 한 사람의 이야기가 없으면 우주의 이야기는 미완성일 수밖에 없다. 나도 삶의 목적이 무엇인가라는 질문을 오랫동안 품어왔지만, 그 답을 찾는 과정은 여전히 계속되고 있다. 인생은 나라는 사람의 조각을 더 많이 찾아서 온전한 삶으로 완성해가는 시간과도 같다.

우연한 만남

목적의 길에서 내 친구 래리 스피어스가 말하는 '우연한 만남'이 이루어지기도 한다. 우연한 만남이란 앞으로 나아갈 방향에 중대한 영향을 끼치는 사람과의 만남을 뜻한다.

나는 심리학 교사가 되려는 과정에서 커리어코치, 기조연설자, 작가, 탐험대의 리더가 되었다. 당시 나는 상담 심리학을 전공하는 대학원생이었다. 징병위원회는 빨리 학업을 마치고 병역 의무를 다하라고 성화였고 이에 나는 육군의 심리전 예비군에 들어갔다. 그래서 석사 과정을 공부하고 있던 콜로라도를 떠나 미네소타로 돌아가야만 했다.

그 이후에는 가족 부양의 의무가 따라왔다. 일자리를 찾는 동안 우연히 기업의 인사 업무에 대해 알게 되었다.《포춘》100대 기업에 들어가 인사 부문에서 여러 직책을 거치며 훌륭한 멘토 아래에서 일했고 2년 후에는 교육 담당자가 되었다. 덕분에 코칭(진로에 관하여 상담하고 조언을 해주는 일)이라는 재능을 활용해 아직 진로가 확실하지 않은 직원들을 도와줄 수 있었다.

심리 상담학을 전공한 나는 초점과 방향이 확실해지도록 도와주는 방법이 많다는 것을 알고 있었다. 그러나 1960년대에는 관련 실용서나 프로그램이 많지 않았다. 직접 낸 아이디어로 연습법과 프로그램을 고안해 퇴근 시간 이후에 활용해보기로 했다. 그렇게 부업으로 커리어 코칭을 시작하게 되었고 머지않아 소문이 나서 대기하는 사람까지 생겼다.

부양할 가족이 늘어나면서 경제적 부담 역시 커졌고 나는 규모가 더 큰 은행지주회사로 이직했다. 그곳에서 더 높은 직책의 인사

업무를 맡으면서 커리어 코칭 기술을 회사 안팎에서 갈고닦았다. 하지만 황무지에 외로이 서 있는 듯한 느낌을 지울 수 없었다.

리처드 볼스(Richard Bolles)와의 우연한 만남은 내 커리어 코칭에 불을 붙였다. 부업으로 하던 커리어 코칭의 규모는 점점 커졌다. 리처드와의 만남은 이후 40년 넘게 베스트셀러가 되는 그의 책《파라슈트》를 미리 맛볼 기회였다. 영국 성공회 목사 출신인 그는 누구나 사명을 타고난다는 내 직관적인 주장을 지지해주었다. 그 덕분에 감사하게도 '개인에게 주어진 선물과 다른 사람을 섬기는 가치가 만나 사명이 만들어진다'는 믿음에 확신이 생겼다. 목적에 대해 더 공부하고 싶은 마음이 싹텄다. 오늘날까지도 여전한 그 열정은 줄곧 나의 일을 이끌었다.

또 다른 우연한 만남의 주인공은 작가 시거드 올슨(Sigurd Olson)이었다. 그와의 만남 역시 목적을 향한 내 열정에 불을 지폈다. 나는 열정에 관한 책을 쓰고 싶었다. 초보 작가였던 나에게는 본받고 싶은 작가들이 있었는데 그중 하나가 시거드 올슨이었다.

시거드는 철학자이자 환경보호 운동가로 자연과 영성에 관한 글을 썼다. 주로 자연과 함께할 때 느껴지는 목적의 순간에 대해 이야기했다. 나는 그의 글을 읽고 큰 감명을 받았다.

그는 내 목적과 집필 작업을 격려해주었다. 그는 자신의 책《탁트인 지평선(Open Horizons)》에서 글쓰기 작업에 대해 "글을 전혀 쓰지 않을 때면 내 영혼이 땅에 떨어지고 아무런 의미도 목적도 없는

것처럼 느껴진다"고 말했다.[9]

그는 그럴 때면 다시 시작하는 것이 해결책이라고 했다. 뭔가를 보면서 글로 옮기면 열정이 다시 샘솟는다고 말했다. 그의 말 덕분에 나 역시 글이 막힐 때마다 다시 시작해 열정을 찾을 수 있었다.

목적을 찾기 위한 세 가지 과제

같은 시기에 성인의 발달과 노화를 연구하고자 부시 재단 펠로우십(Bush Foundation Fellowship)에 지원해 합격했다. 하버드 경영대 성인발달 연구(Study of Adult Development)와의 비공식 합의에 따라 비학위(Non-degree) 맞춤형 펠로우십 과정을 이수하게 되었다. 그때의 연구를 통해 나는 사람의 일생 내내 목적이 필요하다는 사실을 발견했다.

펠로우십 과정을 끝내자마자 본격적으로 커리어 코칭 분야에 뛰어들었다. 연구도 열심히 했지만 타고난 재능도 있는 듯했다. 서서히 성공의 발판이 다져졌고 이후 세미나를 열고 공동 집필한 첫 책도 내고 강연도 진행했다.

'사람들이 삶의 목적을 찾도록 도와주는 것'이 나의 목적이 되었다. 나는 인생의 길에서 목적을 찾았다. 그 목적은 나를 움직이게 하고 아침에 일어나 즐거운 마음으로 출근하게 만든다. 다른 사람과 재능을 나누고 싶은 욕구를 충족시킨다.

감사하게도 40년 동안 수많은 이들의 이야기를 들을 수 있었던 덕분에 목적에 대한 나의 관점도 성장했다. 이 책에는 목적을 찾아가는 시간에 대해 내가 배운 것들이 담겨 있다. 목적을 찾으려면 세 가지 필수적인 과제를 수행해야 한다. 그 과제는 다음과 같다.

- 당신의 이야기를 찾아야 한다.
- 당신의 재능을 찾아야 한다.
- 호기심을 깨워야 한다.

당신의 이야기를 찾아라
—

나는 지혜로운 스승과 어른들을 통해 누구나 목적을 타고난다는 사실을 알게 되었다. 우리가 살아가는 이 우주에는 목적이 있다. 모든 생명체가 고유한 기능과 역할을 결정짓는 패턴에 따라 설계된다. 그 패턴을 찾으려는 대대적인 시도가 성장의 중요한 부분을 차지한다. 자신을 속속들이 들추어 마음 깊은 곳에 이미 자리한 목적을 드러내는 데서 삶의 진정한 기쁨이 나온다.

모든 생명체에는 처음부터 정해진 존재의 이유가 있다. 그 존재의 이유는 바로 세상에 긍정적인 영향을 끼치는 것이다. 목적은 존재의 안에서 밖으로 움직이는 창조적인 영역이다. 모두의 내면에 자리한 심오하고 불가사의한 방향이다. 우리는 자신이 누구이고 어디로 가고 있으며 어떻게 가야 하는지 직관적으로 알 수 있다.

자아의 한가운데에는 처음부터 길이 놓여 있다. 우리가 살면서 스스로에게 던지는 심오한 질문들이 우리가 가야 할 길을 결정한다.

당신의 재능을 찾아라

목적은 세 가지 영적인 갈망을 채워준다. 선택에 담긴 힘을 얻고자 하는 마음, 세상에 나눠줄 재능이 자신에게 있음을 알고자 하는 마음, 그 재능으로 세상에 의미 있는 영향을 끼치고 싶은 마음.

우리가 세상에 내는 목소리는 재능으로부터 나오지만 그 재능을 찾고 표현해주는 소명을 선택해야만 한다. 일과 삶에서 목적을 찾고자 노력하면 자신의 고유한 재능을 활용하는 천직 또는 소명을 통해 세상에 보탬이 될 수 있다.

호기심을 깨워라

목적은 사람을 움직인다. 언제, 어디에서, 어떻게 긍정적인 영향을 끼치겠다는 선택이다. 올리버 웬델 홈즈(Oliver Wendell Holmes)는 이렇게 적었다.

"많은 사람이 가슴에 음악을 남긴 채로 죽는다."[10]

여기에서 음악은 개인의 재능이 표현되는 속성이나 열정을 상징한다. 자신을 움직이게 만드는 것을 발견하면 삶에 새로운 활력이 생긴다. 그것은 너무도 강렬해서 리듬에 따라 움직이지 않을 수 없다. 그것은 자신을 춤추게, 즉 행동하게 만든다.

우리가 자신을 움직이는 무언가를 찾지 않으면 세상은 완전할 수 없다. 마음의 음악이 부르는 소리는 다른 사람에게는 들리지 않는다. 스스로 듣고 움직여야만 한다. 그 음악을 들으려면 호기심을 뒷받침해주는 환경이 필요하다.

호기심의 힘은 목적을 찾게 만든다. 호기심을 가지고 마음 깊은 곳의 갈망에 귀 기울여야만 음악, 자신을 움직이게 만드는 것이 들린다. 이 때문에 목적을 찾아가는 여정에는 호기심과 경청이 필요하다.

2부

어떻게 살아야 할지
모르겠다면

5장 당신의 목적은 어느 단계에 놓여 있는가? ▶

> 삶의 수단은 많지만, 삶의 의미가 없는 사람이 너무 많다.
> 빅터 프랭클

많은 현대인이 실존적 공허 속에서 살아간다. 시간과 재능을 쏟아부을 무언가를 찾고자 노력한다. 의미를 찾으려는 시도는 20대 후반과 30대의 젊은 밀레니얼 세대에 가장 뚜렷하게 나타난다. 목적을 찾아야 하는 필요성은 모든 연령대에 걸쳐 계속되지만, 특히 은퇴 이후에 새로운 삶의 목적을 찾지 못하면 공허감이 찾아온다. 목적은 인생의 전반기에 나타났다가 후반기에 또 등장한다. 요람에서 무덤까지 계속되는 여정이다. 목적은 공허감을 채우기 위해 꼭 필요하다. 그리고 목적은 변화의 시기에 희망과 회복 탄력성을 제공한다.

선택의 힘

유대인 정신의학자 빅터 프랭클은 제2차 세계대전 때 가장 끔찍한 나치 강제수용소 세 곳에서 3년을 보냈다. 수용소에서 그는 자신에게 남은 자유가 딱 하나임을 깨달았다. 그건 바로 끔찍한 상황에 어떻게 반응할 것인지 스스로 선택하는 것이었다. 그래서 그는 변화를 만들어가기로 했다.

매일 아침에 일어나 사람들에게 친절한 말 한마디와 빵 한 조각, 희망을 나눠주었다. 그의 아내 틸리를 다시 만날 수 있다고 믿었다. 수용소로 끌려가기 전날까지도 쓰고 있던 책을 끝내는 상상을 했다. 머릿속에도 몰래 숨긴 종잇조각에도 책을 쓰고 또 썼다. 전쟁이 끝난 뒤 그동안 깨달은 것들을 학생들에게 가르치는 상상도 했다.

프랭클은 살아남았지만 그의 가족들은 살아남지 못했다. 그는 39kg의 몸으로 수용소를 나와 빈으로 돌아갔다. 몸이 회복되자 수용소에서의 경험과 깨달음을 기록하기 시작했다. 20개가 넘는 언어로 번역되고 1200만 부가 판매된 베스트셀러 《죽음의 수용소에서》를 아흐레 만에 완성했다.

"인간은 결정하는 존재다." 그는 적었다. "자극과 반응 사이에는 공간이 존재한다. 그 공간에는 반응을 선택하는 힘이 자리한다. 반응에는 성장과 자유가 있다."

그 공간에는 선택의 힘이 존재한다. 선택은 매우 사실적이며 생명을 구하거나 삶을 바꿀 수 있다.

프랭클은 또 적었다. "추상적인 삶의 의미를 추구하지 말아야 한다. 모든 인간에게는 구체적인 과제를 수행하는 천직 혹은 사명이 주어지므로 그것을 실천해야만 한다."

그 구체적인 과제가 바로 선택이다. 삶의 목적을 따르라는 부름에 답할 기회. 목적은 시간의 흐름에 따라 성장하면서 삶에 존엄성과 의미를 부여한다. 목적은 의무감이나 도덕적 의무 같은 짐이 아니다. 우리가 존재하는 이유다.

목적이 인간에게 꼭 필요하다는 빅터 프랭클의 깨달음은 이제 과학적으로도 증명되었다. 목적은 통증부터 우울증, 알츠하이머까지 다양한 병의 치료에도 도움이 된다. 어떻게 그런 효과가 있는지는 아직도 대부분 베일에 가려져 있지만, 연구자들은 뇌의 특정한 메커니즘이 활성화되어 면역 반응과 삶의 의지에 영향을 끼친다고 추측한다.

목적은 우리가 피할 수 없는 인생의 시련을 맞이했을 때 돌파구를 제시한다. 빅터 프랭클은 어떤 상황에 놓이든 목적이 삶의 의지 (아침에 일어나야 하는 이유)를 제공한다고 했다. 목적이 없으면 죽을 수도 있다. 반대로 목적이 있으면 살기로 마음먹을 수 있다. 목적은 다른 그 누구도 빼앗아갈 수 없다. 목적은 우리를 생존하고 번영하게 한다.

목적의 세 단계

—

어떻게 하면 목적의 힘을 이용해 의식적인 삶을 살고 시련에 대한 관점마저도 바꿀 수 있을까? 목적은 살아가는 동안 세 단계를 거쳐서 나타난다. 당신의 목적은 어느 단계에 놓여 있는가?

1단계: 드러남, 목적은 나에 대한 것

－목적이 타인에게서 나와서 나를 향한다고 인식하는 단계.

이 단계는 출생, 가족, 유년기의 경험과 도전, 교훈으로 시작된다. 인생 초기의 가치를 만들고 제공하는 단계다. 대부분 가장 큰 위기와 도전이 목적을 형성한다.

이 단계에서 우리는 삶의 진실한 길을 찾고자 한다. 진실한 길은 단순히 돈을 받고 하는 일이 아니고(직업), 재능 있는 일도 아니며(기술이나 손재주), 타인에게 인정받는 사회적 역할(부모나 조부모)도 아니다. 개인의 재능과 열정, 가치관이 일치하는 고유한 여정이어야 한다.

우리는 세상의 경험을 통해 자신만의 길을 찾게 된다. 가능성과 목적을 어렴풋이 느끼고 눈에 보이는 영역은 물론 숨겨진 영역과도 관계를 맺는다.

미국의 신화종교학자인 조지프 캠벨(Joseph Campbell)은 이렇게 말했다.

"성별, 나이, 직업은 세상이라는 무대에서 입는 의상일 뿐이다. 인성과 의상과 혼동해서는 안 된다. 직함은 그가 어떤 사람이 말해주지 않으며 사는 곳과 출생일, 수입은 우연에 불과하다. 인간의 핵심은 무엇인가? 존재의 기본적인 특성은 무엇인가?"

2단계: 발견, 목적은 우리에 대한 것

－목적이 자신의 바깥에 존재하고 필요한 타인에게 향하는 것으로 인식되는 단계.

이 단계는 타인의 삶에 영향을 주겠다는 선택으로 시작되고, 대부분 가정과 직장에서 이루어진다. 하지만 자기중심적 사고에서 벗어나 커다란 목적을 위해 쓰여야 하는 단계이기도 하다. 대부분의 사람은 커다란 목적이 무엇인지 알지 못할 수도 있다. 하지만 타인의 삶에 조금씩 작은 영향을 끼치겠다는 결심이 생기면서 삶의 의미가 어렴풋이 보인다.

타인의 삶에 영향을 끼치겠다고 선택하는 순간, 자신의 삶이 다르게 보이기 시작한다. 필요한 사람과 상황이 적재적소에서 나타나 타인에게 봉사할 기회가 생긴다. 목적의 순간을 만나는 진정한 기쁨을 느끼게 된다. 자신에게 의구심이 들고 능력에 의문을 던지는 시련도 경험한다.

조지 버나드 쇼(George Bernard Shaw)는 말했다.

"거대한 목적을 위해 자신이 쓰이는 것이야말로 삶의 진정한 기쁨이다. … 세상이 나를 행복하게 해주지 않는다고 열받아서 불평하지 말아야 한다. 불만으로 가득한 이기주의자가 아니라 에너지가 가득한 사람이 되어야 한다."

3단계: 재발견, 목적은 세상 모두에 대한 것

– 목적이 자신에게서 나와 타인을 위해 쓰이는 것으로 인식되는 단계.

이 단계의 목적은 보통 '영적인 소명'이라고 불린다. 지난 삶을 되돌아보면 모든 단계가 현재의 삶과 이어져 있음을 알 수 있다. 한 문장으로 말할 수 있을 만큼 삶의 목적이 명료해지는 단계다. 의미도 더욱 커진다. 성장과 나눔이 이루어지며 이를 주고받는다. 베푼 것이 엄청나게 커져서 돌아오기도 한다. 스스로 특별한 삶을 사는 평범한 사람이라고 생각한다.

예를 들어보자. 도서관을 짓지 않아도 아이에게 책을 읽어주는 일에서 더 큰 목적을 발견할 수 있다. 노숙자에 음식을 제공하지는 않아도 타인에게 귀 기울이고 따뜻한 말 한마디를 건네줌으로써 의미를 찾을 수 있다. 비영리 단체를 설립하지는 않아도 지지하고 봉사할 수 있다. 사소한 행동으로 세상을 바꿀 수 있으며 만나는 사람들의 삶에 지대한 영향을 끼칠 수 있다.

이 단계에서 떠올리는 질문은 "삶의 의미가 무엇인가?"가 아니라 "삶이 나에게 무엇을 요구하는가?"다. 매일 자신만의 방법으로 답을 선택해야 한다. 관심이 편리함을 이길 때 일상적인 순간에서 의미가 재발견된다.

목적은 현재를 살게 해준다. 목적의 순간을 재발견하면 에너지는 계속 채워진다. 의미는 살아가는 동안 언제든 찾을 수 있다. 어떤 상황에 놓이든 삶은 끝나는 순간까지 의미를 간직하고 있기 때문이다.

6장　　당신의 이야기를 찾아라　▶

삶의 의미를 찾는 방법에는 세 가지가 있다. 먼저 어떤 일을 함으로써, 둘째 어떤 가치를 경험함으로써, 셋째 시련을 겪음으로써.

빅터 프랭클

　　이야기는 인간의 고유한 특징이다. 인간은 아주 오래전 수렵 채집 사회를 살아가던 시절에도 이야기를 주고받았다. 오랜 세월이 지난 지금도 우리는 이야기를 공유한다. 《스토리텔링 애니멀》을 쓴 조너선 갓셜(Jonathan Gottschall)은 이렇게 말했다. "인간이라는 종은 이야기에 중독되었다. 잠을 잘 때도 정신은 밤새 깨어 있으면서 혼자 이야기를 한다."

　　당신의 이야기는 무엇인가? 자신의 이야기를 어떻게 찾는가? 많은 사람이 정렬된 삶을 갈망한다. 이야기는 개인의 재능, 열정, 가치관을 정렬시키는 초점이 되어줄 수 있다. 능률적인 사람들은 일상의 활동에 집중하면서도 더 큰 이야기, 즉 자신이 원하는 삶에 초점을 맞추는 법을 알고 있다.

시간과 에너지도 결국 우리의 이야기로 모인다. 그것이 이야기의 가장 큰 힘이다. 삶의 초점을 다시 맞춰 진짜 목소리와 온전한 음악(재능이나 열정)이 흘러나오게 해준다. 이 장에서는 당신의 이야기를 찾고 실천에 옮기는 세 가지 방법을 알려줄 것이다.

삶이 당신에게 무엇을 요구하는가?

—

눈을 똑바로 뜨고 주변을 바라보자. 해결해야 할 문제들이 잔뜩 있다. 세상은 당신이 문제를 해결해주기를 바란다.

- 신문의 어떤 내용이 당신의 마음을 움직이는가?
- 어떤 TV 특집 프로그램에 끌리는가?
- 몸담은 조직의 어떤 사명 혹은 전략에 흥미가 생기는가?
- 감동적이었던 연설이나 프레젠테이션은 무엇인가?
- 영감을 주는 리더가 누구인가? 그 이유는?
- 어떤 특별 이익 단체의 웹사이트를 종종 방문하는가?
- 교회, 성당 등의 어떤 문제가 당신의 마음을 움직이는가?
- 지지하는 정당의 어떤 공약에 끌리는가?

우리가 살아가는 공동체에는 개인이 재능을 활용할 수 있는 가능성으로 가득하다. 목적을 찾으려면 의미 있는 행동을 실천에 옮기도록 당신을 끌어당기는 것이 무엇인지 알아야 한다.

빅터 프랭클은 의미를 찾는 방법에 세 가지가 있다고 했다. 우리는 어떤 일을 함으로써, 어떤 가치를 경험함으로써, 시련을 겪음으로써 삶의 의미를 발견할 수 있다.

목적에 이르는 세 가지 길

—

첫 번째 길: 어떤 일을 하는 것

일, 가족, 지역 사회가 무엇을 원하고 필요로 하는지 알아차리고, 당신이 지금 있는 그 자리에서 만들어내는 것이 출발점이다.

눈에 보이는 성취와 달성이 중요하다. 특히 마음을 움직이는 일을 해야 한다. 어떤 행동이 개인적인 측면에서 커다란 영향력을 발휘하려면 헌신이 따라야 한다. 타인의 본보기와 기대에 따르는 행동은 만족감을 주지 못한다. 반드시 남의 눈에 띄는 일만 해야 한다는 뜻은 아니다. 일일이 계산하며 행동하는 사람은 '공상적 박애주의자'일 뿐이다. 그런 계산적인 행위는 오히려 만족감을 떨어뜨리며, 스스로 만족할 수 있어야 헌신할 수 있다.

두 번째 길: 어떤 가치를 경험하는 것

사람은 자신이 중요하게 여기는 가치, 세상에 나누고 싶은 선물이 반영된 행동에서 의미를 발견한다. 자신이 중요시하는 가치를 분명히 알면 목적으로 향하는 길 역시 알 수 있다. 그 반대로 상황이나 자신의 약함 때문에 가치관에 어긋나는 행동을 하면 기분이 좋지 않다.

목적은 가치관에 따르는 삶으로 이끈다. 위스콘신주 오세올라(Osceola) 외곽에 있는 치유의 장소, 아베다 스파(Aveda Spa)는 가치를 추구하는 삶 그 자체다. 고국 인도를 떠나 헤어 스타일리스트로 일한 나스린 코아서(Nasreen Koaser)는 '성공과 웰빙의 토대가 되는 끝없는 배움을 지지'한다는 아베다 스파의 사명을 상징하는 인물이다. 현재 나스린은 이미지를 만들어주는 '이미지 크래프터(Image Crafter)'로 일하며 사람들에게 사랑과 치유가 담긴 손길을 전한다. 멀리서 찾아오는 손님들로 스파샵은 몇 달 혹은 일 년까지 예약이 꽉 차 있다. 정신없이 돌아가는 바쁜 세상이지만 나스린은 따뜻한 허브차와 말, 치유의 손길, 실천하는 가치관으로 손님들을 맞이한다.

사람들의 자신감을 올려주고 행복하게 해줌으로써 그녀 역시 행복해진다. 나스린은 이렇게 말한다.

"제가 일을 사랑할 수 있는 건 고객들을 사랑하기 때문이에요. 신은 매일 저에게 고객들의 순수한 본질을 이끌어낼 기회를 주시지요. 그게 제 삶의 목적이에요. 가치를 실현하면서 살 수 있게 해주는 이 일이 좋아요."

은퇴한 심리학자인 94세의 롤리 라슨(Rollie Larson)은 매일 경청의 가치를 실천하면서 살아간다. 젊은이 못지않은 열정과 호기심으로 몸과 마음, 영혼이 하나가 된 전인적 인간의 삶을 살아가고 있다. 그는 말한다.

"나에게 삶의 목적은 한마디로 '관계'라고 할 수 있습니다. 다른 사람들과의 사이에서 일어나는 일들이 나에게 기쁨을 줍니다. 열일곱 개나 되는 직업을 거친 후에 사람을 상대하는 일이 내 천직임을 깨달았지요. 나는 관심과 사랑을 주고 귀 기울이면서 영적인 교감을 합니다. 매일 밤 내일도 누군가에게 귀 기울일 수 있게 해달라고 기도해요."

롤리는 오랫동안 상담 분야에 몸담으며 많은 경험을 거쳤다. 학교에 상담 부서를 만들고, 기업 간부들을 교육하고, 먼저 세상을 떠난 아내 도리스와 상담 클리닉을 운영하고, 책도 몇 권 썼다. 가장 돋보이는 점은 바로 그의 특별한 가치관이다.

그는 타인의 깊은 내면까지 귀 기울이는 일에 진정 관심이 많다. "오늘 누군가에게 귀 기울여라"라는 그의 신조 역시 그동안 그가 만난 수많은 이들에게도 전달되었다. 롤리는 사람들에게 조언한다.

"열일곱 가지 직업을 거친 후에 천직을 찾을 수 있다면 그렇게 하세요! 관심 분야에서 여러 문을 두드려보세요. 흥분과 열정이 느껴지는 일이 바로 당신의 천직입니다."

롤리는 경청이라는 가치를 세월에 따른 성숙함, 지혜와 합쳤고 결국 인생의 목적을 찾았다.

필립 버먼(Phillip Berman)의 책 《확신의 용기(The Courage of Conviction)》

에서 사회학자 앤드루 그릴리(Andrew Greeley)는 이렇게 주장했다.

"우리에게 주어진 선택권은 두 가지인 듯하다. 삶은 '바보가 들려주는, 분노로 가득한 아무런 의미 없는 이야기'라는 맥베스의 주장을 선택할지, '우주에는 잉태나 탄생과 비슷한 무언가가 이루어지고 있다'는 피에르 테야르(Pierre Teilhard)의 주장을 선택할지.

다시 말하자면 세상에는 계획과 목적이 존재하며 그것은 삶과 사랑이라는 말로 가장 잘 표현될 수 있다고 생각하거나 삶은 망각 사이를 짧게 오가는 것에 불과하며 우리가 잔인하고 임의적인 우주에 살고 있다고 생각하거나 둘 중 하나다."[11]

목적은 우리가 삶에서 중요하다고 스스로 선택한 가치이자 방향이다. 그리고 우리가 삶을 이해하고 의미를 찾는 방식이다. 나스린이나 롤리처럼 목적의식이 있는 사람들은 '우주에는 잉태나 탄생과 비슷한 무언가가 이루어지고 있다'라는 믿음이 토대를 이루는 삶을 선택한다.

진정한 내가 되는 것, 자신만의 가치를 따르는 것은 절대로 쉬운 일이 아니다. 불편을 감수하는 용기가 필요하기 때문이다. 남이 대신해줄 수 있는 일도 아니다.

당신이 소중하게 여기고 매일 실천하면서 살고 싶은 가치는 무엇인가? 오늘 그 가치를 어떻게 실천할 수 있을까?

세 번째 길: 시련

살다 보면 누구나 위기를 겪는다. 너무도 큰 충격에 삶의 의미가 통째로 흔들리고 분노에 찰 수도 있다. 그런 상황에서 충격과 불안을 느끼는 것도 당연하다. 하지만 제대로 대처한다면 삶의 목적을 발견할 수 있고, 그것은 더 강력하고 분명해질 수 있다. 우리는 빅터 프랭클처럼 시련에 놓였을 때 자신에 대해 잘 알게 된다. 사랑하는 사람의 죽음, 이혼, 별거, 큰 병이나 장애, 실직, 먼 곳으로의 이사, 은퇴, 경제적 어려움 같은 사건을 겪으면 삶의 목적을 다시 짚어보게 된다.

그런 일을 겪으면 누구나 일시적으로라도 자신의 이야기에 대해 다시 생각해본다. 삶과 자아의식에 혼란이 오면 자신이 어떤 이야기를 하고 있는지 문득 깨닫게 되기 때문이다.

어떤 계기로든 마음이 움직이면 예전에는 중요하게 느껴졌던 것들의 의미가 퇴색된다. 강력한 삶의 의미는 삶의 모든 부분에 영향을 끼친다. 그러면 아무런 관계없는 잡동사니들을 치워버리기 시작한다. 불필요한 것들을 제거함으로써 인생과 자아가 더 명확해진다. 연기할 필요가 없어진다. 정말로 중요한 게 무엇인지 알기 때문이다.

두에인 엘진(Duane Elgin)은 자신의 책 《단순한 삶》에서 자발적 단순함(Voluntary Simplicity)이라는 용어를 만든 리처드 그레그(Richard

Gregg)의 말을 인용했다.

"자발적 단순함에는 내적인 조건과 외적인 조건이 모두 개입된다. 목적에의 전념, 진실성, 솔직함은 물론이고 목적과 상관없는 잡동사니와 너무 많은 소유를 피한다는 뜻이다. 어떤 방향은 부분적으로 제한하고 다른 방향에서는 생명력이 더욱 넘쳐나도록 에너지와 욕망을 정돈한다는 뜻이기도 하다. 목적을 위해 의도적으로 삶을 정리하는 것이다."[12]

소중한 시간과 에너지를 지혜롭게 쓰려면 어떤 목적을 위해 살 것인지를 알고 자신의 이야기를 바꿔야 한다.

내려놓을 것을 내려놓으면 새로운 삶과 일의 가능성에 대해 생각해볼 수 있다. 목적을 찾는 초기 단계에서는 상실로 인한 공허감을 외적인 성취로 채우려고 한다. 하지만 시간이 지날수록 불확실함이 줄어들고 미래에 대한 희망이 커진다. 우선순위가 새로운 삶의 방식으로 옮겨간다. 그 변화에 적응되어 삶이 안정되면 자신의 능력에 대한 자신감도 커진다.

이 순간 당신의 이야기는 무엇인가? 삶에서 정말로 중요한 것에 대해 당신은 어떤 이야기를 하고 있는가? 어떻게 하면 내가 원하는 이야기를 펼칠 수 있을까?

7장　당신의 재능을 찾아라　▶

"많은 사람이 가슴에 음악을 남긴 채로 죽는다."
올리버 웬델 홈즈(미국의 정치인이자 시인)

목적에는 재능을 발견하게 해주는 힘이 있다. 이미 알고 있어서 더 갈고닦고 싶은 재능일 수도 있고 새롭게 파헤쳐 보고 싶은 재능일 수도 있다.

누구나 선물과 재능을 타고난다. 이것은 내가 지난 40년 동안 수많은 사람을 코칭하면서 확인한 진리다. 누구나 어떻게든 재능을 타고난다. 강점이 아니라 약점만 보면서 진실을 부정하는 사람이 많을 테지만 말이다.

재능이라는 말은 일상에서 너무도 흔하게 사용된다. 그러나 가장 큰 즐거움을 주는 재능이 무엇인지 분명하게 알아보려는 사람은 많지 않다. 목적은 재능을 알게 해주고 활용하게 만든다. 이 장은 다음의 질문에 답하도록 도와줄 것이다. 나의 재능은 무엇인가?

어떻게 하면 내가 중요하다고 믿는 것(가치, 물건, 사람, 서비스, 문제, 조직 등)에 재능을 활용할 수 있을까?

재능은 누구에게나 있다

사람은 각자 능력과 성향을 타고난다. 누구나 남들보다 훨씬 쉬운 일이 있기 마련이다. 너무 당연한 일이라 모르고 있을 수도 있다. 그런 것이 바로 재능이다. 너무도 자연스러워 관심 가질 생각조차 하지 못하는 것. 태어날 때부터 당연한 일이었기 때문에 열심히 연습할 필요조차 없었을지도 모른다.

어려서부터 우리는 열심히 노력해야 가능한 일은 값진 것으로 생각하지만 노력 없이 쉽게 되는 일은 가치가 없다고 배운다. 그래서 자신의 재능에 대해서도 '이건 너무 쉽잖아. 남들도 분명 쉬울 거야'라고 생각하며 가치를 과소평가한다. 하지만 우리에게 즐거움을 주는 재능이야말로 가장 강력한 재능이다. 성취감을 느끼려면 그런 재능을 찾아야 한다.

전문가들에 따르면 재능에는 다양한 종류가 있으며 타고난 지능이 무엇인지 파악하고 재능을 찾는 방법도 많다. 하버드 대학교의 교육심리학과 교수 하워드 가드너(Howard Gardner)는 1983년에 다중지능 이론을 내놓았다. 그는 오랜 연구 결과를 실은 책《마음의 틀(Frames of Mind)》에서 사람에게는 적어도 일곱 가지 지능이 있다고 주장했다. 근래에는 여덟 번째가 추가되었다.[13] 이 여덟 가지 지능을 곧바로 살펴보겠다. 자신이 어디에 해당하는지 생각하면서 읽어보자. 당신이 가장 큰 즐거움을 느끼는 재능은 어떤 지능에 속하는가?

1. **언어 지능:** 말로 생각하고 언어로 복잡한 의미를 표현하고 이해하는 능력. 낱말 놀이, 말장난, 운율, 발음이 어려운 문장 등을 좋아하는가? 단어를 정확하고 설득력 있게 사용하는가? 이 영역에 끌린다면 언어를 사용하는 일(읽기, 쓰기, 말하기)이 당신의 타고난 재능이다. 이 재능이 있으면 글을 명료하게 작성할 수 있고 말로 지시하거나 소통하는 것이 쉽다. 좋아하거나 잘할 수 있는 일에는 변호사, 저널리스트, 시인, 홍보 담당자가 있다.

2. **논리, 수학 지능:** 원인과 결과를 연결 짓고 행동, 목표, 생각의 관계를 이해하는 능력. 숫자를 효과적으로 활용하는가? 사실, 수치, 수입과 지출 맞추기 등을 좋아하는가? 이 영역에 끌린다면 숫자와 논리(추론, 비판적 사고, 수학 문제 해결)가 당신의 타고난 재능이다. 이 재능을 가진 사람은 이성적이고 논리적인 접근법으로 세상을 이해할 수 있다. 좋아하거나 잘할 수 있는 일은 회계사, 과학자, 컴퓨터 프로그래머, 전기 엔지니어 등이다.

3. 시각, 공간 지능: 그림으로 생각하고 시각적 세계를 정확하게 인지하는 능력. 시각적으로 사고하는가? 무언가를 생생하게 떠올리거나 색깔, 질감, 모양, 모양 간의 관계를 정확하게 인식하는가? 이 영역에 끌린다면 이미지로 생각하고 모양과 색깔을 이용해 주변 세상을 나타내는 것이 당신의 타고난 재능이다. 이 재능을 가진 사람은 생각을 시각화하고 그릴 수 있으며 입체적인 공간을 지향한다. 좋아하거나 잘할 수 있는 일은 건축가, 조종사, 화가, 인테리어 디자이너 등이다.

4. 음악 지능: 소리, 리듬, 멜로디, 운율로 생각하는 능력. 곡조를 흥얼거리거나 즉석에서 만들어내거나 라디오에서 나오는 노래를 따라부르는 것을 좋아하는가? 음악을 음미하고 이해하는가? 이 영역에 끌린다면 리듬과 멜로디(곡조 흥얼거리기, 리듬 맞추기, 음악에 대한 이해)가 당신의 타고난 재능이다. 이 재능을 가진 사람은 음악을 듣고 구분할 수 있으며 다양한 음악 작품을 음미한다. 좋아하거나 잘할 수 있는 일은 합창단 책임자, 작곡가, 음악가, 가수 등이다.

5. 신체 운동 지능: 표현력이 필요한 활동에서 신체를 능숙하고 복잡하게 활용하는 능력. 운동, 춤, 손으로 하는 일을 좋아하는가? 몸을 효율적이고 능숙하게 움직이는가? 이 영역에 끌린다면 사물 다루기, 뛰어난 운동신경, 몸을 움직이는 문제 해결이 당신의 타고

난 재능이다. 이 재능이 있으면 조립, 조각, 춤 실력이 뛰어나고 다양한 신체 활동을 즐긴다. 배우, 댄서, 운동선수, 안무가, 야외활동 가이드 등의 직업을 좋아하고 잘할 수 있다.

6. 인간 친화 지능: 타인에 대해 생각하고 이해하는 능력. 타인의 감정에 민감한가? 타인과 원활한 관계를 맺고 협동 작업을 즐기는가? 이 영역에 끌린다면 타인의 필요와 감정, 욕구에 귀 기울이는 것(타인을 이해하고 함께 일하는 것)이 당신의 타고난 재능이다. 이 재능이 있는 사람은 타인의 관점에서 세상을 바라보고 주변 사람들과 효과적으로 교감한다. 좋아하고 잘할 수 있는 일은 간호사, 교사, 상담사, 코치, 의사, 기업가 등이다.

7. 자기성찰 지능: 자신에 대해 생각하고 이해하는 능력. 명상이나 심오한 것들에 대해 생각하는 것을 좋아하는가? 고독과 성찰을 좋아하는가? 이 영역에 끌린다면 자기성찰(내면의 심오한 자아, 감정, 동기 부여)이 당신의 타고난 재능이다. 이 재능이 있는 사람은 독립적이고 절제를 잘하며 스스로 동기를 부여하고 혼자 성찰하는 시간을 보낸다. 좋아하고 잘할 수 있는 일은 성직자, 심리학자, 리더, 철학자, 예술가 등이다.

8. 자연 친화 지능: 식물, 동물, 과학 학문 등을 포함해 자연 세계

를 이해하는 능력. 만물의 원리를 분류하고 분석하는 것을 좋아하는가? 이 영역에 끌린다면 자연(환경)을 감지하고 이해하며 체계적으로 분류하는 것이 당신의 타고난 재능이다. 이 재능을 가진 사람은 만물의 원리에 직관적인 감각이 있으며 다양한 상호 관계를 구분할 수 있다. 좋아하고 잘할 수 있는 일은 생물학자, 농부, 수의사, 기상학자 등이다.

가드너의 다중지능 이론을 참고하면 재능을 발견할 가능성이 커진다. 당신이 가진 다양한 능력에 가치를 부여해 남들과 다른 특징을 강점으로 바라볼 수 있도록 도와준다.

재능을 확인해보자

—

우리는 어려서부터 세상에서 가치 있게 평가되는 재능이 따로 있음을 알아차린다. 그래서 자신의 재능을 알지 못하는 경우가 많다. '이걸로 먹고살 수 있겠어?' '이런 재능이 경제적 가치가 있나?'라고 생각하기 때문이다. 재능을 찾으려면 자신이 가진 능력을 다른 사람들의 능력보다 가치 없다고 여기는 습관을 버려야 한다. 어떤 재능이든 가치 있음을 받아들이자.

재능을 찾는다는 것은 타인의 재능을 무시하고 자신의 재능을 과대평가하는 오만을 버린다는 뜻이기도 하다. 과시하지 않고도 재능을 드러낼 수 있다. 굳이 다른 사람인 척할 필요도 없고 상대방을 혼란하게 할 일도 없다. 행동과 진심이 크게 차이 나지 않기 때문이다. 재능은 저절로 드러나게 되어 있으며 억누른다고 숨겨지지 않는다. 좋아하는 일에 결국 손이 갈 수밖에 없기 때문이다.

자신의 재능이 무엇인지 혼란스럽다면 배우자나 친구, 동료, 상사 등 당신을 잘 아는 사람에게 물어보자. 재능이 한결 뚜렷하게 보일 것이다.

즐기면 최선을 다하게 된다

사람들은 일에서 성취감을 느껴야 한다는 말에 동의하면서도 의문을 품는다. 하지만 즐기는 일일수록 최선을 다하게 되고 재능을 활용할수록 성취감이 커진다는 것은 사실인 듯하다.

요즘에는 일은 견디는 것이고, 여가는 즐기는 것이라는 생각이 널리 퍼져 있다. 하지만 일은 우리가 깨어 있는 시간의 매우 많은 부분을 차지한다. 평생 일하느라 보내는 시간이 전체의 60%를 차지한다는 사실을 생각하면 성취감을 느끼게 하는 일을 반드시 찾아야 한다. 가슴에 음악을 남긴 채로 죽기를 거부해야만 하는 것이다.

앞서 이야기했듯이 일은 깨어 있는 시간 중 가장 많은 부분을 차지한다. 어디에서 일하고 돈을 얼마나 버는지는 삶의 질을 결정하는 중요한 요인이다. 어디에 살고, 누구와 친구가 되고, 어떤 기회를 접하는지도 역시 우리가 무슨 일을 하는가와 어디서 일하는지에 영향을 받는다.

원하거나 좋아하는 일을 하지 않으면 삶의 다른 부분도 영향을 받는다. 좌절감과 스트레스 때문에 정신적, 육체적으로 큰 대가를 치러야 한다.

따라서 일과 봉사는 물론, 충만함을 위해서도 자신을 잘 알아야 하고 잘하고 즐기는 일이 무엇인지도 잘 알고 있어야 한다. 지금 하는 일이나 봉사에 대해 한번 생각해보자. 당신의 재능과 일치하는 일인가?

8장　호기심을 깨워라　▶

거대한 목적을 위해 자신이 쓰이는 것이야말로 삶의 진정한 기쁨이다. 세상이 나를 행복하게 해주지 않는다고 열받아서 불평하지 않아야 한다. 불만으로 가득한 이기주의자가 아니라 에너지 가득한 사람이 되어야 한다.

조지 버나드 쇼

자신의 재능이 무엇인지 알았다면 그 재능을 어떻게 표현해야 할까? 어떤 목적을 위해 써야 할까? 다음 단계는 호기심을 깨워 무엇이 마음을 움직이는지 알아내는 것이다. 잘해야만 가치가 있다는 말을 믿는 사람이 많기에 무엇이 마음을 움직이는지 찾는 것은 무척 힘든 일이다. '잘해야만'이라는 부분에 초점이 잘못 맞춰져 있는 것이다. 뒷전으로 밀려났지만 진짜로 떠올려야 할 질문은 '가치 있는 일은 무엇인가?'다. 당신이 관심 갖는 문제, 주제, 대의, 호기심은 무엇인가? 무엇이 당신을 잠 못 이루게 하는가?

이 질문에 답할 수 있다면 열정을 찾을 수 있다. 열정은 쉽게 말해서 호기심이다. 진정 어린 관심을 쏟는 일이다. 어떤 형태든 모든 열정에는 활력이라는 공통점이 있다. 열정은 우리를 움직여 행동하게 만든다. 그뿐만 아니라 열정은 절대로 사라지지 않고 생각과 경험 속에서 계속 나타난다.

재능이 무엇인지, 무엇이 마음을 움직이는지를 알면 목적의 힘에서 중요한 세 가지 요소 중 두 가지는 갖춰졌다. 나중에 자세히 살펴보겠지만 세 번째는 가치관이다. 삶과 일에서 재능, 열정, 가치관을 토대로 내리는 선택들이 목적 있는 삶을 만든다. '가치 있는 일은 무엇인가?'에 대한 답은 사람마다 다르다. 이 장에서는 이 질문에 답하고 호기심을 일깨우는 방법에 대해 알아보자.

누군가는 나서야 해!

나는 위스콘신주 북쪽 숲에 자리한, 이민자들이 직접 나무를 패어 만든 100년 된 오두막의 작은 책상에서 이 책의 원고를 썼다. 주위에 관련 책들이 가득한 채로 작업에 완전히 빠져들어서 가끔은 신들린 것처럼 느껴지기도 했다. 마음속 호기심의 샘에서 생각이 자꾸 솟아나 시간 가는 줄 모를 때가 많았다. 클레어몬트 대학원의 심리학 교수 미하이 칙센트미하이(Mihalyi Csikszentmihalyi)에 따르면 '몰입' 상태에 빠진 것이었다. 작업에 깊이 몰두해 시간이 지나가는 줄도 몰랐다.

칙센트미하이는 《몰입》에서 몰입 상태일 때 충만함에 가장 가까워진다고 주장한다. 그는 문제를 해결하고 도전을 받아들이는 열정적인 원동력이 어떤 활동을 수행하는 것 자체에서 기쁨을 느끼게 만든다고 이야기했다. 어떤 것에 몰입하게 되면 자신뿐만 아니라 시간에 대한 감각마저도 잊어버린다.

재능과 연결되려면 몰입 상태를 이용해야 한다.[14] 일과 조직, 가족, 공동체, 사회 전반의 무엇이 자신을 움직이게 하는지 생각해보고 당신이 어디에 호기심을 느끼는지 탐구해야 한다. 가족, 이웃, 공동체, 세상의 요구는 무엇인가? 어떤 일에 행동이 필요한가? '누군가 나서야 해'라고 느껴지는 일은 무엇인가?

호기심을 자극하는 질문

다음의 질문으로 호기심을 자극해보자.

- 내가 관심 있는 주제로 TV 프로그램을 만든다면 어떤 프로그램이 될까?
- 가판대에서 어떤 잡지에 가장 마음이 가는가? 어떤 부문 혹은 기사가 관심을 끄는가?
- 어떤 문제를 해결하기 위해 사업체나 단체를 설립한다면?
- 베스트셀러를 쓴다면(읽는다면) 어떤 주제가 될까?

- 호기심을 느끼고 배우고 싶은 주제는 무엇인가? 다시 공부를 시작한다면 어떤 분야를 전공할 것인가?
- 지난 일 년 동안 어떤 문제에 시간이나 돈을 투자했는가? 그것은 어떤 것에 대한 관심사인가?
- 깊은 대화를 계속 나누고 싶어지는 사람들은 누구인가? 가장 관심 있는 대화의 주제는 무엇인가?
- 관심 있는 문제를 해결하기 위해 돈을 쓴다면 어떤 분야가 될 것인가? 만약 사업을 시작한다면?
- 만약 생계가 해결된다면 어떤 문제의 해결에 전념할 것인가?

동아프리카의 스와힐리족에는 "kuisi kwingi, koura mengi"라는 말이 있다. 대충 번역하자면 오래 살면 보고 배우는 것도 많다는 뜻이다. 내가 생각하기에 이 말에는 매우 강력하고 심오한 진실이 담겨 있다. 이 책을 쓰는 동안 내가 무엇을 배웠는지 생각해보았다. 호기심이 목적을 움직인다는 사실도 내가 배운 것 중 하나다. 목적의식을 찾기가 어렵다면 호기심에 한번 집중해보기 바란다. 호기심은 인생의 목적을 찾도록 도와줄 것이다.

호기심의 힘

65세가 되어 메디케어(Medicare, 미국에서 시행되고 있는 노인의료보험제도-옮긴이) 카드를 받고 나서부터 노화에 새로운 호기심이 생겼다. 현재 미국에서 가장 규모가 큰 인구층 가운데 하나인 노인들, 이 '노련한 시민들'은 배움에 관심이 많다. 실제 연구 결과에 따르면 호기심은 장수의 필수조건에 속한다.

내가 처음 노화에 관심을 가진 것은 초등학교 5학년 때였다. 교회 청소년부에서 양로원 노인들에게 책을 읽어주고 노래도 불러주는 자원봉사를 했는데 양로원의 냄새와 휠체어, 몇몇 노인들의 귀청을 찢을 듯한 고함이 오랫동안 잊히지 않았다. 노화에 대한 부정적인 생각이 긍정적으로 바뀐 것은 29세에 부시 재단 펠로우십 과정에서 긍정적인 노화를 연구하면서부터였다.

최근 또 관점의 변화가 일어났다. 그동안 많이 보고 많이 배웠기 때문이다. 내가 지금의 이 나이라는 것이 좋고 호기심 많은 '특정 나이'의 사람들과 일하는 것이 좋다. 비행기 안이나 저녁 식사 자리에서 기업 임원, 교사, 과학자 등 과거의 삶에 얽매인 사람들("내가 왕년에는 말이야"를 입에 달고 사는 사람)을 상대하는 것은 정말로 끔찍한 일이다. 주제에 상관없이 호기심 많은 사람과의 대화가 훨씬 즐겁다.

중국 만리장성 걷기, 망원경으로 달 관찰하기, 자연과 환경 보존에 앞장서기, 비영리기관 해비타트 포 휴머니티(Habitat for Humanity)와 함께 사랑의 집짓기, 청소년 멘토링 단체 빅 브라더스 · 빅 시스터스(Big Brothers · Big Sisters)를 통해 멘토 활동하기 등등. 이들의 공통점은 과연 무엇일까? 바로 호기심의 힘을 보여주는 증거라는 것이다.

나는 코치로 일하면서 자신을 초월한 거대한 무언가에 끌리는 사람들, 즉 일, 봉사활동, 공동체, 개인의 신념에 놀라운 수준의 열정을 보이는 사람들을 종종 만난다. 바로 그런 사람들에게 목적의 힘이 있다. 영혼의 강력한 호기심, 생존보다 중요하지만 지적인 활동만을 의미하지 않는 무언가가 그들의 삶을 이끄는 듯하다. 그런 사람들의 영혼을 들여다보고 희망이나 호기심에 깃든 힘을 가늠하는 것은 같은 인간으로서 불가능한 일이다. 세상에 크게 보탬 되는 그 마음의 불꽃을 헤아리고 본받으려면 그들의 열정, 이야기, 눈빛의 간절함, 주변 사람들에게 기쁨을 주고자 하는 마음을 연구해야 한다.

내가 잘하는 일은 어떻게 도움이 될 수 있을까?

런던에서 만난 닐 로벨(Neil Lovell)과 제인 콜드웰(Jane Caldwell)이 그런 사람들이었다. 두 사람은 비영리 자선단체 키즈 컴퍼니(Kids Company)에서 일한다. 키즈 컴퍼니는 카밀라 바트 망겔리디(Camila Bat-Manghelidjh)가 런던의 가장 빈곤한 지역에 사는 어린아이들과 청소년들에게 현실적, 정서적, 교육적 지원을 제공하고자 설립했다.

영국 전역에 모범이 될 수 있는 최고의 돌봄 모델을 만들고자 하는 카밀라의 열정은 닐과 제인을 키즈 컴퍼니의 사업에 동참하게 만들었다. 나는 카밀라를 직접 만나보지 못했지만 그녀의 목적의식이 두 사람을 통해 분명하게 느껴졌다.

제인은 키즈 컴퍼니에 합류하기 전에 세 개의 기업을 세우고 광고기획총괄관리자(Creative Director)로 일했다. 독립 영화 제작자로 상도 여러 번 받은 경험이 있었다. 장 제밍(Zhang Zeming) 감독의 다큐멘터리와 장편 영화도 만들었다. 그녀는 소니(Sony)의 뮤직비디오를 만들고 연극 대본을 쓰고 직접 연출도 했다. 그런 그녀가 왜 키즈 컴퍼니에 들어갔을까?

제인은 그 이유를 '열정'이라는 단어로 요약했다. 현재 그녀는 키즈 컴퍼니에서 시각 예술과 패션, 음악, 드라마, 춤을 아우르는 매우 성공적인 예술 프로그램을 이끌고 있다.

"우리의 도움이 필요한 아이들은 대부분 충격적인 경험과 방치로 인한 극심한 정서·행동 장애를 겪고 있습니다." 제인이 이어서 말했다. "어른들의 도움을 거의 받지 못하고 끝없는 박탈감 속에서 살아가는 고독한 아이들이죠. 저는 그런 상황에 놓인 아이들에게 개인적으로 깊이 공감할 수 있었어요."

그런가 하면 22년 가까이 커뮤니케이션과 마케팅에 종사한 닐은 대행사에서 사업 경험을 쌓고 대기업에서 인하우스 업무를 맡았다.

"제가 일한 기업들은 대부분 리브랜딩, 인수합병 등 커다란 변화를 겪었습니다." 닐이 말한다. "시간이 지날수록 저도 지쳐갔지요. 열정에 다시 불을 지펴줄 무언가가 필요했습니다."

현재 닐은 키즈 컴퍼니에서 기금 모금과 대외협력 업무를 맡고 있다. 그는 새로운 직장에 대한 느낌을 '열정'이라는 말로 요약한다. "아이들의 웰빙을 지원하는 것이 키즈 컴퍼니의 목표입니다. 우리의 접근법은 제가 큰 호기심을 가지고 있는 애착 이론을 바탕으로 하죠. 키즈 컴퍼니는 새로운 방식으로 아동 학대와 방치, 트라우마 문제에 접근하고 있습니다. 정부도 우리의 방식을 지지하고 참고하려고 하죠."

닐과 제인은 카밀라와의 만남에서 목적을 찾는 순간을 경험했다고 말한다. 카밀라는 그들에게 두 가지 질문만을 했다. "당신이 잘하는 일은 뭔가요?" "어떻게 사람들에게 도움될 수 있을까요?" 닐은 이렇게 말했다. "그 질문에 답하면서 내 인생의 이야기가 무엇인지, 내가 왜 태어났는지가 갑자기 이해되었죠. 모든 게 맞아떨어지더군요. 지금까지의 삶이 카밀라를 만나기 위한 준비 과정이었던 거예요." 제인도 깨달았다. "저는 돈에는 별로 끌리지 않았어요. 대의와 열정이 이끄는 일을 간절히 바랐는데 카밀라가 본보기를 보여줬죠. 저도 그렇게 되고 싶었어요."

제인과 닐은 동료들과 재능, 열정, 과거의 경험을 합쳐서 효율성을 한 단계 끌어올리고, 함께 키즈 컴퍼니의 미래를 만들어가고자 노력하고 있다. 그 과정에서 자신들의 미래 또한 만들어가고 있다.

나이가 들어감에 따라 경험이 늘어나면 더욱더 홀가분한 마음으로 자유롭게 열정을 추구할 수 있다. 시간, 재능, 돈을 어떻게 가치 있게 쓸 수 있는지 현실적인 지혜가 생긴다. 세상에 무언가를 기여하고 싶은 마음이 생겨난다.

제인과 닐 같은 사람들에게 열정은 매우 강력한 영향을 끼친다. 그들은 스스로 중요하게 생각하는 것을 위해 기꺼이 큰 위기도 감수한다.

삶과 생계를 합쳐라

신학자 매슈 폭스(Matthew Fox)는 이렇게 말했다.

"삶과 생계가 합쳐질 때 일에 영성이 생긴다. 일에 영혼이 생긴다는 의미다. 영혼은 삶을 뜻한다. 삶뿐만 아니라 생계에도 깊이가 있어야 한다. 깊이 있는 삶이란 의미와 목적, 기쁨, 공동체에 이바지한다는 의식으로 살아간다는 뜻이다."[15]

나의 아내이자 목적 파트너인 샐리 험프리스 라이더(Sally Humphries Leider)는 삶과 생계가 합쳐진 사람이다. 그녀는 말한다. "나에게 누군가를 가르친다는 것은 항상 자연스러운 일이었어요. 나는 학생들을 가르치는 일이 좋아요. 아이들의 본질과 영혼이 드러나게 도와주는 일이죠." 샐리는 평생 배움의 파트너로 아이들과 이어져 있었다. 그녀는 초등학교 3학년 때부터 교사라는 직업에 경외심을 느겼다. "2학년 때의 담임선생님과 숲에 앉아서 이야기를 나누는 게 소원이었죠."

도시에서 교사 생활을 시작한 샐리는 무엇보다 자연이 너무 그리웠다. 강 근처에서 자연에 둘러싸여 자란 그녀였다. "공간이라는 선물을 받았죠. 자연의 소리와 풍경, 냄새가 가득한 장소에서 유년기를 보냈으니까요. 부모님이 돌아가시고 강으로 돌아갈 수 없게 되자 그 선물이 당연한 것이 아님을 깨달았어요." 샐리는 다른 장소에서 그 느낌을 찾으려고 했지만 헛수고였다. 그래서 자신이 사랑하고 지키고자 하는 열정이 있는 강으로 돌아갔다.

샐리의 부모님은 적극적으로 환경을 지켰다. 생활 터전인 하곡(河谷)을 지키고자 로비 활동을 하고 사람들을 교육했다. 샐리는 부모님의 투쟁을 계속 이어가고 있다. 현재 전문적인 강 하곡 교육자이자 운동가, 라이프 코치인 그녀는 "나이에 상관없이 모든 사람에게 장소감(어떤 장소에 있을 때 느끼는 감정 - 옮긴이)을 심어주는 것이 목적"이라고 말한다. 자연을 지키고자 노력함으로써 부모님이 남겨준 유산이 무엇인지 다시 한번 깨달은 것이다.

그녀는 학교에서 '강 하곡의 지혜' 수업을 진행하고 식물 전문 코치로서 변화에 놓인 젊은 여성들을 도와주면서 장소감을 길러준다. 부모님은 그녀에게 자연을 사랑하고 자연의 소중함을 깨달을 수 있는 장소를 알려주었다. 또 보존하고 투쟁할 가치가 있는 것이 무엇인지 가르쳐주었다.

샐리는 생태문해력(Eco-literacy)에 열정이 있다. 생태문해력이란 자연 환경과 그 생태를 이해할 수 있는 기본 소양이다. 인공적이고 파괴된 환경에 대한 거부, 자연에 대한 관심과 보존 욕구 등의 자연주의적 사고를 가능하게 해주는 능력 및 소양이다.

지속가능성을 가르치려면 장소 기반의 교육이 중요하다. 그녀는 자연 환경을 인간이 이용해야 하는 자원으로 보지 않고 모든 자연에는 내재적 가치가 있다고 믿는다. "지구에서 살아가는 다양한 생명체를 뜻하는 생물 다양성이 너무도 위험한 속도로 무너지고 있어요. 식물과 동물 종의 멸종 속도 역시 빨라지고 있죠."

샐리는 동식물의 멸종을 막으려면 자연을 직접적으로 경험해보는 것이 중요하다고 말한다. "자연과 특별한 교감을 한다면 지구의 종과 생태계를 지키는 행동에 동기 부여가 될 거예요. 사람들에게 그런 경험을 선사하는 것이 나의 목적입니다."

칙센트미하이는 《몰입》의 끝부분에서 목적의식의 처방전을 제공한다. 어떤 활동을 할 때 우리가 인생의 주제라고 부르는 것들을 추구함으로써 몰입할 수 있다는 것이다. 개인의 열정이 무엇인지는 상관없다. 분명한 방향과 행동 원칙, 집중력과 참여 방법이 있다면 어떤 목표든 개인의 삶에 의미를 줄 수 있다.

샐리가 아침에 일어나는 이유는 분명하다. 자신의 인생 주제를 추구하기 위해서다. 당신의 행동에도 인생 주제가 보이는가? 매일 인생 주제를 추구하며 행동하고 있는가?

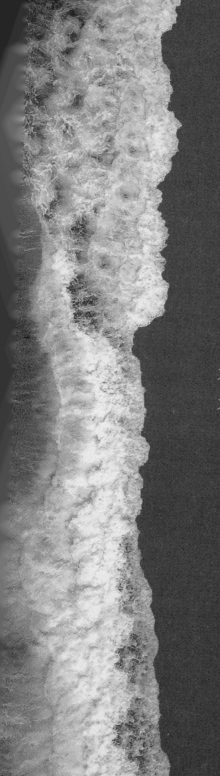

3부

정말로 중요한 것에
집중하게 만드는 힘

9장

하루 동안
삶에 대해 돌아보기

▶

우리는 위대한 목적을 위해 세상에 태어났습니다.
그것은 바로 사랑하고 사랑받는 것이지요.

마더 테레사

평범한 하루 일과를 멈추고 자신에게 정말로 중요한 것이 무엇인지 생각해보는 것보다 목적의 힘을 깨우기에 좋은 방법은 없다.

단 하루면 누구나 목적이 있는 삶을 살 수 있다. 목적을 찾은 사람들은 그런 하루를 매일 반복하는 것뿐이다.

목적을 경험한 사람들은 단 하루 동안 삶을 돌아보는 '목적 찾기 휴가'를 가는 것만으로 시야가 뚜렷해졌다고 말한다. 일 년에 한 번씩 일과 삶을 돌아보는 시간을 갖는 것이다.

이 장은 당신이 앞으로 원하는 삶을 살 수 있도록 돕는 안내자 역할을 할 것이다. 목적 선언문을 적어보도록 도와주는 질문도 있다. 질문을 참고해 자신의 삶을 돌아보면 된다. 하루가 끝나면 이 질문에 망설임 없이 답할 수 있을 것이다. "무엇을 위해 아침에 일어나는가?"

목적 찾기 휴가

하루 동안 삶에 대해 돌아보는 일은 혼자하는 것이 가장 좋다. 우선 혼자 어딘가로 떠나는 계획을 세운다. 24시간 동안 홀로 있을 수 있는 조용한 장소여야 한다. 자연 속의 장소여도 되고 자신에게 편안하고 특별한 장소도 좋다. TV와 휴대전화, 이메일, 인터넷, 타인의 방해가 없는 곳이면 된다.

물, 음식, 편한 신발을 미리 준비한다. 신선한 공기와 가벼운 산책이 생각에 도움을 줄 것이다. 하루 동안 집중력을 잃지 않도록 자신에게 맞는 속도를 찾는다.

깨달은 것들을 일기장이나 노트북에 기록하고 머릿속에 떠오르는 생각을 적는다. 가장 먼저 떠오르는 생각이 가장 좋은 생각일 때가 많다. 상상력을 발휘해보자. 부정적인 생각이나 의심은 나중으로 제쳐둔다. 갑자기 다 잊거나 끝난 줄 알았던 과거의 일이 떠오를지도 모른다.

시작해보자

혼자만의 장소에 도착해 짐을 풀고 자리를 잡는다. 중심이 잡히는 느낌이 들 때까지 세 번 심호흡한다. 하루 동안 자주 심호흡해주는 것이 좋다.

다음 페이지에 나오는 목적을 찾는 일곱 가지 질문을 미리 살펴보자. 단계적이고 단순명료한 질문들이다. 어떤 질문에서 막히면 일단 멈추고 나중에 다시 생각한다. 산책하면서 그 질문을 떠올려보자. 처음부터 끝까지 모든 질문에 답해야 한다. 시작하기 전에 먼저 전체적인 설명을 읽어보는 것을 추천한다.

목적 찾기 휴가를 가는 이유

목적의식은 몸, 마음, 영혼을 건강하게 해준다. 목적은 인간의 기본이다. 자신을 초월하는 의미를 찾으려는 사람은 더 건강하고 행복하게 살 수 있다. 따라서 강한 목적의식은 건강한 삶에 필수 요소다.

어떤 사람들에게는 삶의 목적이 영적인 개념이거나 종교적 의미를 띤다. 그런가 하면 다른 사람들에게는 좀 더 세속적인 개념, 가정이나 집단의 구성원으로서 가치를 인정받고자 하는 욕구를 뜻하기도 한다.

목적 선언문을 쓰는 것이 불편하게 느껴질 수도 있지만 반드시

해야만 하는 일이다. 인생의 단계를 거치면서 심리적, 정서적으로, 영적으로 성장할수록 삶의 목적에 대해서도 더욱더 깊이 생각해야 한다. 목적 선언문을 통해 우리는 더 심오한 의미를 갈구하게 된다. 어떤 단계에서는 진퇴양난에 빠져 '이게 다 무슨 의미일까?'라는 생각이 들 수도 있다. 그러나 끝까지 해보는 것이 중요하다.

자, 이제 목적을 찾는 일곱 가지 질문에 답해보자.

목적을 찾는 일곱 가지 질문
—

목적을 찾는 데 정해진 방법은 없지만 도움 되는 방법은 많다. 지금 소개하는 일곱 가지 질문은 새로운 관점을 제공하며 그동안 많은 사람이 효과를 본 방법이다. 이 질문들을 이용해 자신에 대한 새로운 사실을 발견해보자.

1. 이 문장에 대해 생각해본다. "어린 시절의 나를 잘 아는 가족이나 친구들은 내 특별한 재능이 ＿＿＿＿＿＿＿＿ 라고 말한다. 이 재능은 지금 어떤 모습인가?

2. 당신은 죽음을 앞두었지만 아직 정신은 또렷하다. 가장 친한 친구가 묻는다. "평생 사랑을 주었고 또 받았어?" "진짜 자신의 모습에 충실했어?" "세상을 조금이라도 바꿨어?" 당신은 뭐라

고 답할 것인가?

3. 계산기를 준비한다. 자신의 나이에 365를 곱한다(____). 30,000에서 그 숫자를 뺀 값(____)이 남아 있는 기대수명이 다. 아침에 일어날 날이 앞으로 (____)일이나 남았다는 사실이 좀 더 용기 내어 살아가도록 도와줄지 모른다. 가장 소중한 재산인 시간을 어떻게 써야 할까?

4. 보통 아침에 어떤 기분을 느끼면서 일어나는가? 일어나기 싫은가 아니면 어떠한 목적을 가지고 활기차게 일어나는가? 요즘 아침에 어떤 기분으로 일어나는지 생각해보면 삶의 목적에 대해 알 수 있을 것이다.

5. 목적 찾기 휴가를 다녀온 후 카드 다섯 장에 "나의 재능은 무엇인가?"라는 질문을 적는다. 당신을 잘 아는 다섯 명에게 나눠주고 답을 써달라고 부탁한다. 잘 보이는 곳에 카드를 모아놓는다. 당신이 선택할 다섯 명은 누구인가? 어떤 답이 나올지 상상되는가?

6. 무엇에 가장 큰 호기심을 느끼는가? 다음의 단서가 답을 떠올리는 데 도움이 될 것이다.

1) 이 일을 할 때면 시간이 너무 빨리 간다.

2) 이 일에는 너무 자연스럽게 시간을 쏟게 된다.

3) 이 일을 할 때마다 즐겁고 생각만 해도 걱정이 사라진다.

4) 기분이 별로일 때도 이 일을 하면 기분이 좋아진다.

7. 당신의 롤모델이나 멘토는 누구인가? 당신이 꿈꾸는 삶을 살거나 원하는 일을 하는 사람은 누구인가? 용기를 내어 대화를 시도해 그 사람에 대해 더 알아보자.

이 일곱 가지 질문을 참고해서 목적 선언문을 써보자.

거대한 질문

―

다음 질문에 대해 생각해보자. 목적은 타고나는 것인가? 아니면 선택하는 것인가? 사람들에게 물어보면 삶의 목적에 대한 생각이 크게 두 가지로 나뉜다는 사실을 알 수 있다.

- 삶의 목적은 타고나는 것이고 태어날 때부터 영혼에 새겨져 있으므로 반드시 구현하거나 달성해야 한다고 생각하는 사람들. 한마디로 목적은 운명이며 선택의 여지가 없다는 생각이다.

- 운명은 없으며 삶의 목적을 선택하고 선택한 삶을 살아갈 힘

(또는 자유의지)이 개인에게 있다고 생각하는 사람들.

당신은 어느 쪽에 속하는가? 운명론? 아니면 선택론?

이 질문에 정해진 답은 없다. 아직 확신이 서지 않는다면 다음과 같이 생각해보자. 목적은 타고나지만 언제 어떻게 발현될지는 개인의 완전한 통제에 놓인다면? 성찰과 선택을 통해 의무감을 느끼지 않고 자연스럽게 삶의 목적에 다가갈 수 있다면?

목적 찾기가 즐거운 과정이 될 수도 있다는 사실을 알면 놀랄 것이다. 공허함을 성취감으로, 지루함을 열정으로, 이처럼 모든 것을 바꿔놓는 선택이다. 인간은 선택하기 위해 만들어진 존재다.

선택은 힘이다

'목적이 있는 삶'이 아니라 '목적을 따르는 삶'이라는 새로운 마음가짐을 가져보자. 목적을 따르는 삶이란 재능을 활용해서 자신과 타인을 위해 더 큰 의미를 만들겠다는 뜻이다.

목적을 따르는 삶과 관련해 우리는 다음의 세 가지 상황 중 하나에 놓인다.

- 나에게 목적이 있는가를 걱정하지 않는다. 자연스럽게 끌리는 일을 하면서 살기 때문이다.

- 삶의 목적을 정확히 알고 매일 실천한다.
- 자신의 삶에 목적이 있다는 사실은 알지만, 그것이 무엇이고 어떻게 찾아야 하는지는 알지 못한다.

당신은 어디에 해당하는가?

첫 번째는 굳이 목적을 찾으려고 노력하지 않을 수 있다. 두 번째는 목적을 실천하는 삶을 사느라 너무 바빠서 목적에 대해 성찰해 볼 시간도 없을 것이다.

목적을 찾기 위해 목적 찾기 휴가를 가야 하는 사람들은 대부분 세 번째에 속한다. 아직도 잘 모르겠다면 몇 가지 질문을 더 생각해 보자.

최근에 좀 더 보람 있게 살고 싶다는 생각을 했는가?

- 자신의 재능(타고난 능력)을 활용해 세상에 이바지하고 싶다는 생각이 자주 드는가?
- 별로 중요하지 않은 사소한 일에 시간을 낭비하고 있다는 생각이 드는가?
- 정말로 중요한 일에 뛰어들어 타인을 돕고 싶은데 방법을 모르겠는가?
- '이게 내 인생의 전부인가?'라는 생각이 든 적이 있는가?

이 질문들에 "그렇다"라고 대답했다면 목적 선언문을 쓸 준비가 된 것이다.

살기 위해서는 성장이 필요하다

인간의 기본 목적은 성장하고 베푸는 것이다. 목적 없는 삶은 없다. 그것을 어떻게 알 수 있을까? 처음으로 돌아가보자. 진화 생물학의 관점에서 생명체의 궁극적인 목적은 생명의 지속이다. 생명의 지속은 단순히 생존과 번식만을 뜻하지 않는다. 생존을 위해서는 지속적인 성장이 필요하다.

자연은 정체되어 있지 않다. 자연에서 유일하게 확실한 것이 있다면 끊임없이 변화한다는 것이니까. 이것은 절대로 바뀔 수 없는 기본 법칙이다. 변화한다는 것은 성장과 생존을 이루지 못하면 쇠퇴와 죽음뿐이라는 뜻이다.

인간은 신체만 성장하지 않는다. 내면의 성장도 함께 이루어진다. 지적, 정서적, 영적, 사회적으로도 성장한다. 공동체와의 연결은 생존에 필수적이다. 성장과 나눔은 진화의 필수적인 생존 전략이다. 우리 조상들은 성장이 꼭 필요하다는 지혜를 생존의 측면에서 깨우쳤다. 나중을 위해 오늘 다른 사람들에게 베풀어야 한다는 것도 말이다.

성장해야 나눌 수 있다

—

개인은 내면의 성장을 통해 공동체의 발전에 기여한다. 개인의 성장이 클수록 주변 사람들에게 봉사하는 재능도 분명해진다. 타인을 통해 당신의 영향력이 점점 커지고 널리 퍼져나가는 것을 느낄 수 있다. 봉사의 질과 영향력이 변화를 만든다. 가족과 공동체, 세상에 무엇을 나눠주느냐는 성장의 특징에 따라 달라진다. 성장할수록 그 영향력은 정교해지고 강력해진다. 그것이 목적의 힘이다.

따라서 내면의 성장은 나눔이 필수적이다. 우리가 나누는 선물은 인생의 단계, 현재 역할, 책임, 성숙함에 따라 형태와 크기가 정해질 것이다. 예를 들어 당신은 부모, 기업가, 교사, 학생, 보호자, 고용인, 은퇴한 사람일 수 있다. 다른 역할까지 합쳐 여러 가지에 해당할 수도 있을 것이다. 모든 인생 단계와 역할마다 성장과 나눔의 선택이 따른다.

삶의 목적은 성장의 과제와 나눔을 통한 의미 추구와 관련 있다. 우리가 삶의 단계에 따라 성장할수록 목적도 진화한다. 목적은 우리와 함께 성장하고 발달한다.

목적은 의도다

—

당신의 기본적인 목적은 '성장하고 나누는 것'이다. 사전에서는 목적을 이렇게 정의한다. 즉, 실현하고자 하는 일이나 방향이다. 이것은 무엇을 의미할까? 목적은 의도나 방향처럼 아주 단순할 수 있다. 따라서 목적 선언문은 어떤 방향에 따라 살겠다는 의지 그 이상도 이하도 아니다. 삶의 목적은 진정한 자신을 알고 재능을 찾고, 그것을 세상과 나누는 가장 좋은 표현을 선택함으로써 현실이 된다.

사실 목적을 찾는다는 것은 오해하기 쉬운 개념이다. 목적은 세상에 나가 얻는 것이 아니라 내면을 들여다보고 발굴하는 것이기 때문이다. 아직 분명하게 모를 뿐이지 이미 우리 모두에게는 삶의 목적이 있다.

그렇다면 그것을 어떻게 찾아야 할까?

자신의 재능, 열정, 가치관이라는 가장 필수적인 요소를 들여다보면 된다. 삶의 목적은 진짜 자신과 일치할 수밖에 없다.

목적 선언문을 쓰기 전에 몇 가지 단서를 먼저 살펴봐야 한다.

목적 선언문을 쓰기 전에

—

다음 질문에 대한 생각을 적어보자.

공동체: 나의 책임이 무엇이라고 생각하는가?

봉사: 지금 삶이 나에게 무엇을 요구하는가?

가치관: 나는 무엇을 지지하는가?

유산: 내 삶은 어떤 유산을 남길까?

지혜: 내 주변의 지혜로운 어른은 누구인가? 그들의 조언은 어떤 것이었는가?

연민: 연민의 본질과 중요성이 뭐라고 생각하는가?

근원: 내가 생각하는 신 혹은 더 높은 존재는 나에게 무엇을 기대하는가?

목적 선언문 쓰기

—

자신의 믿음을 단서로 삼아 목적 선언문의 초고를 써보자. 어렵지 않게 느껴진다면 여러 개를 써보고 각각 어떻게 느껴지는지 비교해보자.

"내가 아침에 일어나는 이유는 동료들의 능력 발휘를 도와주기 위함이다."

"나는 매일 아침 사람들이 잠재력을 최대한 발휘할 수 있도록 도와주기 위해 일어난다."

"좀 더 깨끗하고 친절한 세상을 만들기 위해 일어난다."

아침에 일어나는 이유를 한 문장으로 써보자.

내가 아침에 일어나는 이유는 ＿＿＿＿＿＿＿＿＿＿＿＿＿.

목적 선언문을 쓰는 것은 원래 어려운 일이다. 따라서 어렵게 느껴진다고 해도 실망할 것 없다. "무엇을 위해 아침에 일어나는가?"라는 질문에 답한다고 생각하자. 목적 찾기 휴가를 다녀온 후 일주일 동안 아침마다 이 질문을 떠올려보라. 어렵게 생각하지 않아도 된다. 목적 선언문 쓰기는 절대로 이해 못 할 수수께끼 같은 것이 아니다. 하지만 노력은 필요하다. 깊이 파헤치지 않으면 드러나지 않기 때문이다.

삶의 목적을 찾는 일은 생각보다 훨씬 단순명료하다. 몇 번이고 잘못 짚을 수도 있지만 자연스러운 과정이다. 성장은 원래 한 번에 이뤄지지 않는다.

기본 목적으로 일주일 살기

일주일 동안 매일 아침에 일어나 이 질문을 떠올린다. '오늘 어떤 방법으로 성장하고 나눌 것인가?' 그리고 하루를 마무리할 때마다 성장하고 나누는 기분을 느끼게 해준 의미 있는 순간을 돌아보자.

10장   소명 의식을 가지고 일하기 ▶

> 일한다는 것은 먹고살기 위함이기도 하나 하루하루를 의
> 미 있게 살기 위해서다. 돈을 벌기 위함이기도 하나 인정
> 을 얻기 위함이요, 지루한 것이기도 하나 놀라움의 연속이
> 다. 월요일부터 금요일까지 사망 선고를 받는 것이라기보
> 다는 살아 있음을 증명하는 것이다.
>
> 스터즈 터켈(Studs Terkel, 미국의 작가이자 역사학자)

역사 초기에 인간은 신에 감사하는 의미로 일상
적인 행위를 바쳤다. 모든 일이 결국은 신을 위한 것이었기 때문이
다. 이것은 많은 사람이 양가감정을 보이는 노동 원리의 기초였다.
신에게 개인이 할 수 있는 최고 수준의 노력을 바친다는 '청지기 정
신'이라는 개념은 노동의 지위를 소명으로 끌어올렸다.

소명은 안에서 밖으로 나온다. 그것은 자기 존재의 표현이다. 소
명은 너만의 목소리를 찾아 음악을 연주하라고 촉구하는 불가사의
한 목소리다. 소명은 또 일과 자기 존재감을 합치고 일에 대한 심오

한 질문을 우리에게 던진다. 어떻게, 왜, 누구를 위해 일하는가?

자신의 재능을 알고 열정도 찾았다면 목적에 힘을 부여하는 남은 세 번째 요소는 소명이다. 소명은 열정과 재능에 봉사의 가치를 더해준다. 모든 인간은 태어날 때부터 '종'이다. 타인을 섬기는 특별한 재능을 타고나기에 그렇다.

그렇다면 우리는 이런 질문에 직면한다. 일은 단순히 생계를 위한 직업을 뜻하는가? 아니면 소명과 동의어가 될 수 있는가? 일은 생계도, 삶의 의미도 될 수 있는가? 이 장에서는 소명이라는 개념을 살펴보고 어떻게 하면 일에서 의미를 찾을 수 있는지 알아본다.

무언가를 창조하는 일

내가 코치로서 하는 일에는 사람들이 일에서 소명의 존재나 부재를 명확히 깨닫도록 도와주는 것도 포함된다.

나는 소명이 얼마나 중요하고 어떤 이득이 되는지 알고 싶었다. 이에 소명 의식을 가지고 일하는 사람들을 인터뷰하기 시작했다. 가장 강력한 동기 부여가 고귀한 목적이나 소명에서 나온다는 나의 이론을 시험한 것이다.

매일 일하는 현대인들은 일에 대해 냉소적이다. 대다수가 소명은커녕 일을 그만두는 날까지 버티는 것만으로 족하다. 많은 사람이 과로에 시달린다. 중세 독일의 신비주의 사상가 마이스터 에크

하르트(Meister Eckhart)의 말을 빌리자면, 그런 일을 통해서는 새로운 무언가가 창조되지 않는다. 열심히 일하는 게 중요하다고 생각하는 사람들은 많지만, 열심히 일하는 것만으로는 어떤 공익도 만들지 못한다.

활기차게 창의적, 열정적으로 일하는 사람은 스스로 어떤 사명이나 목적, 대의에 이바지한다고 믿는다. 조직들이 측정 불가능한 사명과 대의에 사람들을 끌어들이지 못하는 것은 오늘날 동기 부여에 문제가 생기는 근본적인 원인이다. 일의 목적을 무시하면 가장 강력한 동기가 억눌린다.

소명을 찾고 이에 귀 기울이면 매우 생산적인 결과가 따라온다. 내 행동이 타인에게 어떤 이득을 줄지 분명히 알 수 있다. 소명은 행동에 방향과 초점을 제공하므로 현재에 머물며 열심히 일하도록 돕는다.

소명에 귀 기울인다는 개념이 선뜻 이해되지 않을 수도 있다. 무엇보다도 마음을 열고 주의를 둘러봐야만 가능하다. 대개 소명은 잠복기를 거쳐서 발견된다. 건축가 르 코르뷔지에(Le Corbusier)는 프로젝트의 탄생이 아이의 탄생과 같다고 했다. "오랜 잉태 기간이 필요하다. 첫 스케치를 그리기 전에 잠재의식을 열심히 발휘해야 한다. 그 기간이 몇 달 동안 이어진다. 그러다 어느 멋진 날 아침 나도 모르는 사이에 프로젝트의 형태가 갖춰져 있다."

소명의 탄생도 이와 비슷하다. 사람은 누구나 자신을 중요한 존

재라고 느끼고 싶어 하고 의미와 가치 있는 일에 부름을 받고 싶어
한다. 그 무엇보다 자연적으로 생산적인 일은 우리의 소중한 시간
을 재능, 열정, 가치관을 표현하면서 보낼 수 있게 해준다.

목적은 생명을 연장해주는가?

나는 부름을 받았다고 느끼는 사람들을 많이 만난다. 누구나 부
름을 받는다. 다만 그 부름에 응답하기로 한 사람이 소수일 뿐이다.

소명을 따르는 사람들의 삶은 매혹적이다. 그들의 삶은 사람들
의 입에 오르내리고 의미 있는 삶을 사는 본보기로 활용된다. 그들
의 삶을 바라보면 왜 선택받았고 어떻게 소명을 알아볼 수 있었는
지가 궁금해진다.

댄 피터슨(Dan Petersen)은 죽음의 문턱까지 다녀왔다. 하지만 그
는 살기를 선택했다. 암 수술 후 그의 심장은 통제 불능 상태에 빠
졌다. 한 번도 아니고 두 번이나 말이다. 심장 충격기 덕분에 살아
난 그는 그 순간을 똑똑히 기억한다. "정신이 들었을 때 환자감시장
치를 달기 위해 옮겨지고 있었어요. 복도 한구석의 대기실에 남겨
졌죠. 죽은 줄만 알았는데 호흡에만 정신이 집중되더니 감사한 마
음이 샘솟았습니다. 살아난 것뿐만 아니라 삶이라는 선물 자체가
감사했어요."

죽음의 문턱에 이르렀다가 살아난 후로 댄의 삶은 바뀌었다. 깊은

감사에서 소명 의식이 모습을 드러냈다. 댄이 소명 의식을 느끼기 시작한 것은 치과 교정 전문의가 되기 위한 공부를 끝마쳤을 때였다. 그가 당시를 회상하며 말했다. "확실하게 말한 적은 없지만 모험에 대한 열정을 추구할 만한 돈과 시간을 마련하는 것이 제 삶의 목적이었죠. 일 년에 반은 일하고 반은 모험하면서 살고 싶었거든요."

댄은 소망하던 방식대로 22년을 살았고, 이후 심신 통합 치유 공부라는 소명을 따르기 위해 치과 교정 전문의의 삶을 뒤로했다. "아주 강력한 무언가가 저를 부르고 있었습니다. 그게 뭔지 찾을 수만 있다면 모든 것을 포기할 정도로 강력했지요. 그 부름은 '자가 치유가 어떻게 일어나는가?'라는 질문의 형태였어요."

그는 치과 교정 전문의의 삶을 뒤로한 채 학교로 돌아가 몸과 마음의 연결에 대해 공부하기 시작했다. 댄은 더 높은 의식, 더 높은 목적의식이 있으면 자가 치유 시스템이 최적의 기능을 발휘할 수 있다고 믿었다.

현재 댄의 목적은 변화가 이루어질 수 있는 상태가 만들어지도록 사람들을 도와주는 것이다. 15년 전과 똑같은 소명이지만 형태가 더 심오해졌다. 그는 라이프 코치로, 우리를 자아와 세상에 대한 깊은 이해가 가능한 상태로 만들어냄으로써 몸, 마음, 감정, 영혼이 스스로 치유될 수 있는 환경을 제공한다.

댄은 자가 치유를 위한 최적의 환경은 '표현의 자유, 의미 있는 목적, 연민, 경청'이라고 믿는다. 그래서 말보다는 듣기를 더 많이 한다. 그는 죽음의 문턱에 이르렀던 경험 이후로 "한 템포 멈추고 더 큰 그림을 바라보면, 자신이 갈망하는 것을 확실히 알 수 있고 바쁜 일상을 돌아보게 되는 경우가 많다는 사실을 깨달았죠"라고 말한다.

소명에 귀 기울이려면

소명은 내 안에서 발견된다. 나에게 세상에 기여할 수 있는 특별한 무언가가 있고 삶, 일 혹은 봉사도 그것과 일치해야 한다. 내 안의 음악(방향, 열정, 관심사, 문제, 생각 등)이 이끄는 대로 행동하다 보면 어느새 소명에 귀 기울이게 된다. 이렇게 소명에 귀 기울이면 행동도 이미 따라가고 삶에 의미가 생기기 마련이다.

소명에 귀 기울일 수 있는 기회는 많이 찾아온다. 따라서 이 질문을 떠올려봐야 한다. 기회가 나타났을 때 주의를 기울였는가? 소명에 귀 기울이려면 일에 매 순간 최선을 다하고 가장 중요하게 여기는 가치와 일치하는 선택을 내려야 한다. 게다가 용기도 필요하다.

일에 자신의 전부를 쏟아부을 준비가 되었는가? 현실에 머무르면서 소명이 이끄는 대로 따라갈 용기가 있는가?

11장

지금 하는 일에서 의미를 찾지 못한다면 ▶

> 인간의 유용성은 힘과 고귀한 목적이 합쳐질 때 진가를 발휘한다. 고귀한 목적이 이끌지 않는 힘은 재앙을 일으키고, 실행할 힘이 없다면 목적은 무용지물이다.
>
> 시어도어 루스벨트(Theodore Roosevelt)

나는 라이프 코치로 일하면서 성공의 의미를 재정의하는 사람들을 많이 보았다. 어떤 사람들은 지극히 경제적인 잣대로 성공을 측정한다. 그런가 하면 어떤 사람들은 성공을 좀 더 폭넓게 정의하지만 그들이 속한 조직이 추구하는 목적에 동의하지 못하는 경우도 있다. 직위에 상관없이 스트레스로 고통받는 직장인들이 점점 늘어나는 사실로 볼 때 일에서 아무런 의미도 찾지 못하는 사람들이 많음을 알 수 있다.

이 장에서는 성공의 의미를 살펴보고 지금 하는 일이 목적에 부합하는지 알아보는 퀴즈를 제공하고자 한다.

성공이란 무엇인가?

—

우리는 어떤 성공을 위해 고군분투하고 있는가? 요즘 아무리 노동의 가치가 하락했다지만 여전히 수많은 사람이 성공을 목표로 열심히 뛰고 있다. 어떤 사람들에게 성공은 커리어의 진전을 뜻한다. 그들은 커리어를 위해 엄청난 희생을 하고, 승진의 길이 막히지 않도록 비상한 노력을 기울이며, 커리어를 위해서라면 스스로가 잔뜩 포장해서 홍보해야 하는 이력서처럼 되는 것을 마다하지 않는다. 성공에 대한 그런 태도는 무엇보다 개인의 이익이 동기 부여로 작용한다. 일이 자신에게 어떤 이득을 줄 수 있는지가 중요한 것이다.

하지만 그런 성공을 가만히 들여다보면 무엇이 있을까? 그런 식의 성공을 추구하면 가슴이 아닌 머리만을 따르는 사람, 일할 줄은 알지만 행복, 만족, 휴식은 모르는 사람이 된다.

경제학자 줄리엣 쇼어(Juliet Schor)는 자신의 책《과로하는 미국인(The Overworked American)》에서 많은 사람을 옭아매는 일과 소비의 쳇바퀴에 대해 설명한다.

"행복은 경제적 성장의 속도를 따라잡는 데 실패했다."[16]

물건을 사고 또 사면 행복해질 것이라는 헛된 믿음이 존재한다.

하지만 그 믿음은 공허한 정신 상태를 초래할 뿐이다. 돈을 얼마나 버느냐와 관계없이 돈은 언제나 부족하다. 일에서 기쁨과 의미를 찾지 못하면 아무런 보람도 희망도 없는 상태에 갇히고 만다.

하지만 다른 태도도 있다. 제임스 오트리(James Autry)가 이에 대해 정확히 짚어냈다.

"일은 금전적 성장뿐만 아니라 영적, 개인적 성장의 기회를 제공할 수 있다. 그러지 못한 일이라면 인생의 너무 많은 시간을 낭비하는 것이다."[17]

현대 사회는 금전적인 성공과 커리어를 쌓는 수단을 개인에게 제공하지만 일에서 성취감을 찾지 못하는 사람들은 많아지고 있다. 그들은 성공만을 위해 일하면 성취감을 느끼기가 어렵다는 사실을 깨달았다. 스트레스만 있고 성취감은 없는 일에 종사하는 대가로 돈을 주는 조직에서 일하는 것에도 지쳤다.

게다가 경제 구조가 변화하는 가운데, 우리는 안정이나 출세, 은퇴처럼 기존의 성공에 따르는 것에 대해 다시 생각해보지 않을 수 없게 되었다. 기존의 성공에 대한 관념에 피로감을 느끼는 직장인들은 봉사나 균형, 공동체, 사명이나 의식 같은 심오한 의미를 제공하는 직장을 높이 평가하기 시작했다. 그들은 묻는다. 이 조직은 무엇에 헌신하는가? 누구에게 봉사하는가?

성취감을 주는 일 찾기

    성취감을 주는 일을 찾는 것이 현실적으로 불가능하다고 생각하는 사람들이 많다. 하지만 성취감을 느끼게 하는 일이 좋은 일이라는 사실에 반박하는 사람은 없다.

    문제는 성취감을 주는 일의 공급과 수요가 크게 차이 난다는 점이다. 개인의 가치관에 부합하고 재능을 온전히 쏟게 해주는 그런 일은 찾기 어렵다. 우리가 일에서 큰 의미를 기대하지 않는다는 것이 이유일 것이다. 내 경험에 따르면 일에 대한 기대는 적어도 네 가지 수준으로 나뉜다.

첫 번째 수준: 일은 일일 뿐이다. 돈만 많이 벌 수 있다면 어떤 일이든 상관없다. 좋아하는 일은 퇴근 후에 즐기면 된다.

두 번째 수준: 안정적인 일자리를 원한다. 정규직이어야 한다. 각종 혜택, 휴가, 복지가 필요하다.

세 번째 수준: 전문직을 원한다. 돈이나 안정성보다는 일의 본질을 중요시한다. 재능을 계속 키우고 도전할 기회를 원한다. 돈도 중요하지만 일 자체에 대한 애착도 있다.

네 번째 수준: 소명 의식으로 일한다. 일은 돈과도 관련 있지만, 재능을 사용해 세상에 필요한 변화를 끌어내기도 한다는 사실을 깨닫는다. 일이 주는 의미와 성취감을 생각한다.

성취감을 느끼게 해주는 일을 찾으려면 혹은 지금 하는 일에서 성취감을 느끼려면 지금 자신이 어떤 수준에 머물러 있는지 아는 것이 우선이다. 목적에 부합하는 일인지 알아보는 퀴즈를 한번 풀어보자.

지금 하는 일은 목적에 부합하는 일인가?
—

의미와 생계를 모두 책임져주는 일을 찾으려면 철저한 분석이 필요하다. 몇 분 시간을 내어 책의 가장 뒤 참고 자료에 있는 목적에 부합하는 일인지 알아보는 퀴즈를 풀어보자. '그래, 이건 목적이 있는 일이야'라는 생각이 들게 하는 신호는 무엇이고 '아니, 내 삶의 목적과 부합하지 않는 일이야'라는 생각이 들게 하는 신호는 무엇인가? 질문을 읽고 느껴지는 대로 그렇다 또는 아니오에 표시해보자.

'그렇다'의 총 개수는 당신이 지금 하는 일에서 목적의 힘이 얼마나 발휘되고 있는지 알려준다. '그렇다'가 많다면 일에서 성취감을 느낀다는 뜻이다. 반면 '아니다'가 많으면 자신의 재능, 열정, 가치관을 좀 더 자세히 알아볼 필요가 있다. 충만함을 느끼게 해주는 일인지 알아보는 시간은 투자할 만한 가치가 충분하다.

일에서 충만함 찾기

리더들은 일하면서 충만함과 생산성의 상관관계를 발견하곤 한다. 워런 멀커슨(Warren Malkerson)은 규모가 큰 스포츠용품 카탈로그 기업의 부사장이자 총괄 매니저였다. 그는 둘의 상관성을 어렴풋이 느꼈지만 중요한 직책에 오른 후에야 제대로 이해할 수 있었다. "저는 항상 너무 너그러운 성격이라는 비판을 받았습니다. 마치 미운 오리 새끼처럼 너무 무른 성격 때문에 고생했죠."

어느 날 그는 자신이 미운 오리 새끼가 아닌 백조라는 사실을 깨달았다. 성취감 있는 일이 가치가 있고 생산성도 높다는 점을 알게 되었기 때문이다. 그는 모든 직장에서 "워런 밑에서 일하는 사람들은 더 행복하고 창의적이야"라는 평가를 받았다.

워런은 모든 사람의 본질은 백조라고 믿는다. 그의 목적은 사람들이 자기 안의 백조를 찾도록 도와주는 것이다. 그는 누구나 진정한 잠재력을 찾느라 파도 속을 헤매고 있다고 생각한다.

그는 동료들이 '이렇게 열심히 일하고 많이 배운 적은 처음이야. 워런은 나를 배우는 사람으로 만들었어'라고 생각한다면 자신의 리더십이 효과를 발휘하고 있다고 느낀다. 그는 사람들을 고용할 때 그들에게 "이 일을 하면서 당신은 정말 많이 성장했습니까?"라고 물으면 항상 "그렇다"라고 대답할 수 있게 만들겠다고 약속한다.

워런은 이렇게 말했다.

"모든 사람을 바꾸려는 건 아니에요. 나는 선교사가 아니니까요. 도움을 원치 않는 사람들을 돕는 것은 내 일이 아닙니다. 내 목적은 배움을 원하는 사람들을 도와주는 거예요!"

워런처럼 타인의 성장을 위해 헌신하는 리더들은 일에서 성취감을 느낄수록 생산성과 수익성도 높아진다는 사실을 잘 알고 있다.

과연 무엇을 위해서?

워런 같은 리더들의 가장 기본적인 역할은 오늘날 리더를 따르는 사람들이 떠올리는 질문에 답하는 것이다. "내가 왜 당신을 따라야 하는가?" 훌륭한 리더들은 어떤 변화든 개인에게서 나와야만 가능하다는 사실을 잘 알고 있다. 타인이 나에게 뭔가를 하게 만드는 것은 불가능하다. 그 무언가를 하고 싶어지는 환경을 만들어줄 수 있을 뿐이다. 진정한 헌신과 에너지가 목적의식에서 나온다는 사실을 리더들은 아는 것이다.

나는 리더들을 상대하는 코치로서, 훌륭한 리더들이 개인의 커리어와 금전적인 성공을 초월한 고귀한 목적에 목말라하는 모습에 깊은 인상을 받았다.

그렇다면 사람들은 어떤 리더를 원할까? 오늘날 사람들은 '목적의 마인드셋'으로 이끄는 리더를 원한다. 목적은 매일 하루를 살아가는 모습이다. 그것은 리더들의 말이 아닌 행동에서 드러난다. 리더가 어떤 식으로 시간을 보내는가에서 구체적으로 나타난다.

목적의식이 있는 리더들을 관찰해보면 유익하다. 그들은 쉽게 찾을 수 있다. 목적이 있는 리더는 저절로 사람을 끌어당긴다. "과연 무엇을 위해서 이끄는가?"라는 질문의 답을 분명하게 알기 때문이다. 그들은 목적의 마인드셋을 가지고 있으며 사람들은 그들과의 시간을 소중히 여긴다. 그들의 말이나 행동이 정확히 기억나지는 않아도 그것을 통해 무엇을 느꼈는지는 분명하게 기억한다.

월터 몬데일(Walter Mondale, 1977년부터 1981년까지 미국 부대통령을 지냈으며 '프리츠'라는 애칭으로 불렸다-옮긴이)은 그런 사고방식을 지닌 사람이다. 나는 프리츠와 20년 동안 같은 동네에 살면서 그가 사람들을 어떻게 대하는지 보았다. 그는 마음이 넓으며 만나는 모든 사람과 교감을 형성했다. 상대가 요즘 무슨 노력을 하는지, 어떤 희망을 품고 있는지 진심으로 알기 위해 노력한다. 그뿐만이 아니라 정말로 필요한 곳에 자신의 재능을 후하게 나눠준다. 아이디어와 조언, 봉사에 대해서도 너그럽다. 목적이 이끄는 리더십의 모범이다.

나의 스승 우사라부드 아리아(Usarabudh Arya) 박사가 가르쳐준 것이 있다. "꽃이 피면 초대받지 않은 벌들이 온다." 월터 몬데일이 그렇다. 그의 삶은 아리아 박사의 지혜를 보여주었다. 사람들이 성취감을 느끼도록 도와주는 데 헌신한 미국 부대통령이 몇 명이나 있을까? 87세의 나이에도 아직 봉사하고 있는 사람은? 월터 몬데일의 꽃은 계속 피어나 초대받지 않은 벌들을 불러들인다.

지금 당장 목적의 순간을 찾아보라. 나중에 은퇴하거나 좀 더 생활이 안정되면 시간과 재능을 세상에 나누겠다며 미루는 사람들이 많다. 하지만 안정감은 부를 축적한다고 생기는 것이 아니다. 목적이야말로 부자가 된 기분을 느끼게 하고 더 많은 돈이 필요하지 않도록 만들어준다. 안정감을 돈에서 찾지 않게 된다. 대신 우리는 지금 당장 생산적인 일을 해야 한다. 그렇지 않으면 절대로 너그러움의 즐거움을 느낄 수 없을 것이다.

너그러움의 정신으로 살아가면 정서적으로도 영적으로도 강해진다. 마음과 영혼이 건강한 삶을 살 수 있으며 훌륭한 성과를 거둘 수 있다. 너그러움이 긍정적인 변화를 가져다줄 테니까 말이다. 스스로 더 좋아지는 것은 물론 다른 사람의 반응도 더욱 긍정적으로 변한다.

당신은 성취감이 느껴지는 일을 하고 있는가? 지금 이 순간 당신에게 성공이란 무엇인가?

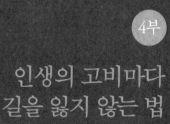

4부

인생의 고비마다
길을 잃지 않는 법

12장   다시 길을 찾는 법을   ▶
배울 수 있는 곳

우리가 이 세상에 존재한다는 것은 참으로 이상한 상황이다. 누구나 세상을 잠깐 방문했다가 떠난다. 그 이유는 모르지만 때로는 신성한 목적 때문인 듯하다. 그러나 일상의 측면에서 보면 한 가지는 확실하게 알 수 있다. 우리가 존재하는 이유는 타인을 위해서라는 것.

알베르트 아인슈타인

성숙한 인간이 되려면 어디로 가야 하는가? 목적이 이끄는 삶에 필요한 기술은 어디에서 배울 수 있을까?

목적 찾기는 삶의 기술이다. 모든 상황은 목적의 순간, 즉 목적이 드러나는 기회를 제공한다. 매 순간 이루어지는 선택을 스스로 자각할 수 있다. 다시 말해서 목적이 있는 삶은 자신이 누구인지, 매일 어떤 선택을 내리며 살아가는지 안다는 뜻이다.

목적이 있는 삶을 살기 위해서는 우선 궁극적인 질문을 떠올려야 한다. 나는 무엇을 위해 아침에 일어나는가? 이 질문이 매우 어렵게 느껴지는 사람이 많을 것이다. 물론 이 질문을 떠올리지 않은 채로 너무 많은 시간을 흘려보내지 않는 것이 좋다. 하지만 과연 어디에 가서 생각해봐야 할까? 좀 더 성숙해지려면 어디로 가야 할까?

이 장에서는 이 질문에 대해 생각해보고 목적과 삶을 연결할 수 있도록 도와줄 것이다.

목적 학교는 어디에?

목적 학교는 이름 그대로 목적을 공부하는 학교다. 웰빙, 즉 인간 관계와 일, 건강, 행복에 영향을 끼치는 삶의 기술을 가르쳐주는 곳이다.

우리는 하루를 살아내느라 너무 바빠서 "왜?"라는 질문에 답할 시간이 없다. 대다수의 사람들은 신속하게 답변하는 것이 의미 있다고 믿는다. 간편하게 컴퓨터로 답을 검색해보려고 할 뿐 잠시 멈추고 "왜?"라는 중요한 질문에 대해 깊이 생각하지 않는다. 기술은 삶의 속도를 너무 빠르게 만들었다. 질문 자체에 담긴 지혜를 존중하는 태도는 사라졌다.

1907년 독일 시인 라이너 마리아 릴케(Rainer Maria Rilke)는 어느 젊은 시인에게 조언의 편지를 썼다.

"간청하건대, 부디 가슴 속의 해결되지 않는 모든 것에 인내심을 가지고 질문 자체를 사랑하려고 하게. 잠긴 방이나 알 수 없는 외국어로 쓰인 책처럼 말이야. 지금 답을 찾으려고 하지 말게. 직접 겪지 않았으니 답이 나오지 않을 걸세. 직접 겪는 것이 가장 중요하다네."[18]

우리는 우선 멈춰서 질문해야 한다. 삶에 무엇이 필요한지. 필요하다는 것은 생존을 위해 꼭 있어야 한다는 뜻이다. 이렇게 기본적인 욕구를 분명히 알았다면 바라는 것이 무엇인지도 알 수 있다. 바람은 삶의 질을 높여준다. 우리가 진정으로 바라는 것은 목적을 반영하는 경우가 많다.

다시 살펴보는 매슬로의 이론

심리학자 에이브러햄 매슬로(Abraham Harold Maslow)는 인간의 욕구를 단계별로 설명했다.[19] 그는 기본적인 욕구가 충족되어야만 상위 욕구로 올라갈 수 있다고 주장했다. 생리적 욕구(공기, 음식, 피난처 등)가 가장 기본적이다. 이 욕구가 채워져야만 다음 단계의 욕구를 행동으로 연결할 에너지가 생긴다. 간디 역시 "배고픈 자에게 빵 이외의 복음은 없다"고 했다.

매슬로의 이론에서 그다음 단계는 안전 욕구다. 일상생활에서 최소한의 안전함을 느껴야 한다는 것이다. 사람마다 안전의 기준은 다르지만 일과 생활이 흔들림 없이 안정적이어야 한다는 건 기본이다.

다음으로는 소속감과 애정 욕구가 있다. 자신이 가치 있는 사람이고 누군가 관심을 기울이고 있다고 느껴야 한다. 진정한 애정을 느끼지 못하면 자기가치감에 큰 타격을 입을 수 있다. 일과 삶에서 스스로 가치 있다고 믿는 활동에 참여하고 사회의 구성원으로서 이바지하면 자기가치감이 올라간다. 반대로 가치 없는 일에 시간을 쏟으며 살아가면 자기가치감은 줄어든다.

그다음 단계로는 자아실현의 욕구가 있다. 주어진 선물과 재능을 키우고 넓히고 활용하는 단계다. 매슬로는 이렇게 말했다.

"이 모든 욕구가 충족되어도 자신과 맞지 않는 일을 하면서 살아가면 불만과 불안이 생기는 경우가 많다(반드시 그렇다고도 말할 수 있다). 음악가는 음악을 만들어야 하고, 화가는 그림을 그려야 하고, 작가는 글을 써야만 궁극적인 평화를 얻을 수 있다. 잠재력은 발휘되어야만 한다. 이것이 바로 자아실현의 욕구다."

시간이 흘러 매슬로는 생각을 바꿔 자아실현을 초월하는 욕구도 있다고 했다. 그의 생각이 변한 이유는 두 가지였다. 빅터 프랭클과의 대화 그리고 자연과 관련 있는 신비롭고 미학적이며 감정적인 경험을 뜻하는 '절정 경험'에 대한 연구가 바로 그것이다.

매슬로는 삶의 목적이 자아실현이 아니고 타인과 나눔으로써 자신을 초월하는 것이라는 사실을 인정하게 되었다. 그는 이 새로운 동기 부여의 단계를 '자기 초월'이라고 이름 붙였다. 빅터 프랭클 같은 사람들이 보여주듯, 분명히 자아실현을 했지만 봉사를 통해 자신을 뛰어넘는 거대한 무언가가 되고 싶은 욕구가 있다는 것이다. 욕구 이론의 맨 위쪽 단계를 자기 초월이라고 말한 매슬로는 목적에 동력을 공급하는 것이 무엇인지 찾았다.

당신은 매슬로의 욕구 이론에서 어느 단계에 놓여 있는가?

목적 학교에서 가르쳐주는 네 가지 교훈

교훈 1: 내면의 죽음을 피하라!

나는 성취감이 없다고 불평하는 사람들을 많이 만났다. 빅터 프랭클은 공허감과 무의미함, 목적 없음을 '실존적 공허'라고 불렀다. 그런 상태는 자아를 초월하는 충만함을 느끼지 못할 때 찾아온다.

오늘날 너무 많은 사람이 실존적 공허를 느끼며 살아간다. 내가 코칭 작업을 함께하는 첨단 기술 기업의 부사장을 예로 들어보겠다. 그가 이렇게 말했다.

"오도 가지도 못하게 꽉 막힌 기분입니다. 예전에 나는 매우 적극적인 임원이었죠. 그런데 지금은 일에 아무런 흥미가 생기지 않아요. 열심히 움직여야 하는데 말이죠. 낮에는 꼭 몽유병 환자 같고 밤만 되면 정신이 또렷해집니다. 예전에는 한 번이면 충분했는데 요즘은 일주일에 몇 번씩 술을 마십니다. 사방이 꽉 막혀 있는 것 같아요."

한마디로 그는 실존적 공허에 빠진 상태다. 자신도 모르는 사이에 내면이 죽어가고 있는 것이다. 마치 늪에 빠진 것처럼 옴짝달싹할 수 없었다. 떠날 수도 그대로 있을 수도 없는 노릇이었다. 그는 이런 말도 했다.

"이 자리에서 얼마나 더 버틸 수 있을지 모르겠어요. 이 회사에 15년간 몸담았는데 2~3년마다 직책이 바뀌었어요. 조직도는 계속 바뀌는데 사내 정치는 그대로입니다. 아직도 언제 뭘 하라고 상부에서 지시하는 대로만 하죠. 위험을 무릅쓰려는 진취적인 태도는 인정받지 못해요. 보상 정책 자체가 점점 더 정치적으로 변해갑니다. 난 죽어가고 있어요."

이 사람에게 무슨 일이 벌어지고 있는 걸까? 그는 자신의 기여에 아무도 신경 쓰지 않는다고 이야기했다. 그래서 "도대체 무엇을 위해 아침에 일어나는가?"라는 의문이 들었다. 그는 일의 목적의식을 잃었다.

누구나 살다 보면 언젠가 내면의 죽음을 경험한다. 도전 의식을 북돋우는 의미 있는 과제가 없다면 말이다. 그런 과제를 통해 얻는 긍정적인 스트레스가 없으면 내면은 죽어간다. 안에서부터 서서히 죽어가는 상태가 되는 것이다.

내면의 죽음은 아무것도 자라지 않는 죽은 정원과 비슷하다. 내면의 죽음은 목적의 죽음이다. 삶에 목적이 없으면 그 무엇도 우리를 움직이지 못한다. 아무런 희망도 없이 매일 똑같이 하찮은 속도로 삶이 움직이는 것이다. 헬렌 켈러(Helen Keller)는 말했다.

"인생은 과감한 모험 아니면 아무것도 아니다."

그 아무것도 아닌 상태가 바로 내면의 죽음이다.

내면의 죽음은 일반적인 우울증과 마찬가지로 나이와 배경에 상관없이 누구나 맞닥뜨릴 수 있다. 내면이 죽어가는 사람들은 만성 피로와 자기비판, 분노, 무관심 등의 증상을 보인다. 타인이나 일에 관심을 보이지 못한다. 정도는 사람마다 다르지만 누구나 어느 정도 겪는 현상이다. 내면이 죽으면 재능도 깊은 잠에 빠진다.

내면이 죽음에 이르면 도무지 다른 가능성은 보이지 않고 이러지도 저러지도 못하는 진퇴양난에 빠진다. 그렇다면 어떻게 해야 할까?

만약 당신의 내면이 죽어간다고 느껴진다면 이야기를 경청해주는 사람과 상의하는 것이 효과적이다. 치료보다 돌봄을 중요시하는 전문가나 당신을 바꾸려 하지 않고 관심을 주는 사람이어야 한다. 그들에게 당신의 감정을 완전히 솔직하게 드러낼 수 있을 것이다.

교훈 2: 에너지를 고갈시키는 망설임을 피하라!

누구나 삶의 어느 시점에 이르면 생각하게 된다. '이제 무엇을 해야 하지?' 이 단계에서는 자신이 어디에 있었고 어디로 가고 있는지, 무엇을 이뤘고 앞으로 무엇이 가능한지 생각에 잠긴다. 일을 계속할지 그만둘지, 관계를 이어갈지 내려놓을지 고민한다. 가끔은 자신에게서 도망치는 듯한 기분도 느낀다. 에너지를 고갈시키는 망설임을 이겨내고 삶을 되찾을 기회가 생기기를 간절히 바라게 된다.

어떤 사람들은 삶의 변화에 짓눌려 이리 치이고 저리 치인다. 돌봐야 할 자녀와 연로한 부모, 이혼과 재혼, 두 번째 가족, 혼합 가족, 빈 둥지 증후군, 배우자와의 사별, 질병, 회복 등 수없이 많은 파도가 밀려온다.

일하면서 정체기를 겪기도 한다. 재능을 제대로 활용하지 못한다고 느끼며 직업과 회사, 심지어 산업 부문까지 자신과 맞지 않는 옷을 입은 것 같은 기분이 든다. 때때로 지루함을 느끼기도 하고 자신을 이해하지 못하는 상사로 인해 마음이 답답해지기도 한다. 이런 기분을 느낀다면 아침에 일어나 출근하기 싫어지는 것이 당연하다.

나이가 들어 "이제 다음은 뭘 해야 하지?"라는 질문과 싸우는 사람들을 셀 수 없이 많이 봤다. 이들은 다음 목적지로 어떻게 가야할지 모르는 것은 물론 질문에서 빠져나오지도 못한다. 삶을 되찾고 싶다면 결정을 피하지 말아야 한다. 내면의 자아를 밖으로 드러내야 한다.

이제 어떻게 해야 할까? 작은 발걸음을 내디뎌 "이제 다음은 뭘 해야 하지?"라는 질문을 탐구해보자. 그런 다음 나침반 역할을 해줄 3~5명과 함께 아이디어를 모아본다. 140분 동안 브레인스토밍으로 딜레마를 분석한 뒤 온전히 자기 자신에게 집중해보는 것이다.

교훈 3: "내 삶의 의미는 무엇인가"라는 질문을 피하지 마라!

"내 삶의 의미는 무엇인가"는 하나의 질문이 아니라 일련의 질문을 품고 있다. 나는 왜 여기에 있는가? 나는 어떤 일을 해야 할 운명인가? 내 삶에서 중요한 목적을 실현하고 있는가? 나는 지금 타인을 돕고 있는가?

심리학자 프레드 킬(Fred Kiel)은 일에 대한 열정을 잃어가는 자신을 발견했고, 이에 아침에 일어나 출근하는 이유를 생각해보기 시작했다. 스트레스가 심한 잦은 출장에 대해서도 생각해보았다.

프레드의 여정은 세 살 때부터 시작되었다. "아주 어릴 때부터 인간의 본질에 호기심이 많았어요. 무엇보다 나의 본질과 경험에 대해 많은 생각을 했지요. 부모님을 비롯한 어른들에게서 다양한 방법으로 답을 찾으려고 했습니다. 부모님은 사랑이 많은 분들이었지만 그런 심오한 질문에 대한 이야기는 거의 해주지 않으셨어요."

프레드는 '과학'으로 눈을 돌렸다. 가슴에서 머리로 관심을 옮겨 몇십 년 동안 생물학과 심리학에서 의미를 찾고자 했다. 결국 파도 속을 헤매는 것에 지친 그는 '삶에서 진정한 안정감을 주는 것은 경제적 자유뿐이다'라고 결론을 내렸다. 그러나 그 답은 오래가지 않았다. 경제적 성공은 의미도 자유도 가져다주지 않았다.

그는 "내 삶의 의미는 과연 무엇인가?"라는 질문을 던지고 가만히 귀 기울여보기 시작했다. 고객, 친구, 아내, 아이들에게 집중했다. "무엇보다 내 마음속 목소리에 귀 기울였습니다. 명상할 때, 기도할 때, 예배를 드릴 때의 조용한 목소리에 말이죠. 시골길을 걸을 때도 귀 기울였습니다. 결국 너무도 의외의 장소에서 지혜와 답을 찾을 수 있었죠."

프레드는 아미시(Amish, 미국 일부 주에서 현대 문명을 거부하고 자급자족하며 검소하게 살아가는 기독교의 일파-옮긴이) 문화에 관심이 생겨 연구하게 되었다. 그는 아미시가 특정한 의사결정의 법칙에 따라 살아간다고 주장한다. 아미시 원로들은 가족과 공동체 생활에 보탬이 된다는 확신이 있어야만 새로운 발명품이나 변화를 받아들인다. 또한 아미시들은 스스로 지구의 청지기라고 생각하므로 환경에 피해를 주지 않으려고 노력한다.

아미시들을 연구하고 방문한 덕분에 프레드는 "양파 껍질을 벗기듯 본질에 이르렀습니다"라고 말한다. 그것은 정확히 말하자면 자기 내면의 중심이었다. 그는 앞으로 아미시와 비슷한 가치관에 따르고자 한다. 가족과 공동체 생활을 이롭게 하고 환경에 최대한 피해를 주지 않는 삶이다.

이러한 가치를 염두에 두고 생활한 덕분에 그의 선택에도 많은 변화가 찾아왔다. 이제 그가 아침에 일어나는 이유는 심리학자로 돈을 벌기 위해서가 아니다. "물론 돈을 벌고 싶은 마음도 여전합니다. 그러나 목적의식을 가지고 일하고 싶습니다. 내가 심리학자로서 하는 행동이 나의 가치관과 일치하기를 바랍니다. 내 삶의 목적에 부합하는 사람들과 함께 일하고 싶어요."

프레드가 매일 아침 일어나는 이유는 간단하다. "누구를 만나든 상대가 자신의 가슴 깊은 곳에 귀 기울이도록 도와주고 싶습니다." 그는 가슴에서 우러나오는 삶을 살 때 가족, 공동체 생활, 환경에 이로운 선택을 내릴 수 있다고 믿는다.

아미시와 마찬가지로 프레드의 소명은 영적인 토대에서 나온다. "균형 잡힌 삶을 일구고 신을 섬기는 일에 전념하고 싶습니다. 이제는 신의 존재를 이해하게 되었으니까요." 목적 여정의 후반에 이른 지금 그는 불가사의한 삶의 섭리를 받아들이게 되었다. "나는 인간의 본성에 대해 더 알 필요가 없습니다. 세 살 때보다 더 많이 안다고 할 수도 없지만요."

우리는 인간이기에 종종 이런 생각을 한다. '내 삶의 의미는 과연 무엇인가?' 불교, 기독교, 이슬람교 등 주요 종교에서는 이 질문을 다룬다. 우리는 진정한 자신과 소명을 찾으려고 노력해야 한다. 얄팍한 가치와 외적인 성공에 근거한 가짜 자아로 행동하면 환상에서 벗어나지 못하며 절대로 깊은 행복과 충만함을 느낄 수 없다.

그렇다면 어떻게 해야 할까? 우리는 목적 찾기 휴가를 통해 내 삶의 의미에 대해 스스로 질문해야 한다.

교훈 4: 나를 위한 행복을 추구하지 마라!

밴쿠버에 있는 브리티시컬럼비아 대학교와 하버드 경영대학원 연구진은 공동 연구를 통해 돈이 정말로 행복을 가져다주는지 알아보고자 했다. 먼저, 돈을 어떻게 쓰는지가 돈을 얼마나 버느냐에 영향을 끼치고 중요하게 작용한다는 가설을 세웠다. 사회심리학자 엘리자베스 던(Elizabeth Dunn)이 이끄는 연구진이 일련의 연구를 시행했다.[20]

우선 미국인을 대표하는 약 630명의 표본을 대상으로 전체적인 행복도와 수입, 월 지출내역을 조사했다. 지출내역에는 공과금, 자신과 타인을 위한 선물, 기부 등이 포함되었다.

엘리자베스 던에 따르면 그 결과는 이러했다. "수입에 상관없이 타인에게 돈을 많이 쓰는 사람일수록 행복했고, 자신을 위해 더 많이 쓰는 사람은 행복하지 않았다."

연구진은 또 다른 실험에서 참가자들에게 5달러나 20달러를 주고 그날 오후 5시까지 쓰라고 했다. 참가자의 절반은 자신을 위해 (공과금을 내거나 스스로에게 특별한 것을 선물하거나), 또 절반은 남을 위해(기부하거나 누군가에게 선물을 주거나) 돈을 쓰라고 지시받았다. 하루가 끝날 즈음 타인을 위해 돈을 쓴 사람들이 자신을 위해 쓴 사람보다 훨씬 더 큰 행복을 느끼는 것으로 나타났다.

자신의 돈을 직접 쓰는 연구도 이루어졌는데 일관성 있는 결과가 나왔다. 연구진은 5달러든 20달러든 돈의 액수는 중요하지 않다는 사실도 발견했다.

그렇다. 돈으로 행복을 살 수 있다. 남을 위해서 쓰는 돈이라면 말이다.

사람들은 당연히 행복할 권리가 있다고 생각한다. 미국 독립선언문에서도 분명히 쓰여 있다.

"우리는 다음과 같은 것을 자명한 진리라고 생각한다. 즉, 모든 사람은 평등하게 태어났고, 조물주는 몇 개의 양도할 수 없는 권리를 부여했으며 그 권리 중에는 생명, 자유, 행복의 추구가 있다."

이 연구에서 가장 놀라운 점은 참가자들에게 결과를 예측해보게 한 것과 관련 있다. 참가자들은 자신을 위해 돈을 쓰면 기분이 나아지리라고 예상했지만 정반대의 결과가 나왔다. 사람은 타인과의 경험에 돈을 쓸수록 행복감을 느낀다.

그렇다면 오늘 누군가를 위해 깜짝 선물을 해보자. 기분이 어땠는가? 행복했는가?

행복을 설명하다

오늘날에는 행복에 대한 잘못된 고정관념이 존재한다. 편안함, 안락함, 성공은 행복의 구성 요소가 아니다. 그런데도 보통 사람들은 그 반대로 잘못 생각한다.

사실 만족은 항상 불만족으로 연결된다. 의도와 목적이 없는 삶은 얕은 존재감으로 이어진다. 안락함과 여가도 좋지만 그것만으로는 충분하지 않기 때문이다. 만약 그것만으로 충분하다면 물질적으로 풍요로운 사람들은 전부 엄청나게 행복할 것이다.

그렇다면 과연 행복이란 무엇일까? 진정한 행복이 무엇인지 알려주겠다고 주장하는 사람들은 많다. 그러나 행복의 의미는 스스로 찾아야 한다는 결론에 도달한 이들도 있다. 게다가 행복은 항상 변한다고 주장한다. 정말로 그럴까? 행복은 권력, 명성, 돈일까? 결혼, 가족, 공동체일까? 자기인식, 마음 챙김, 계몽일까? 좋아하는 일을 하는 것, 그림 그리기, 뭔가 아름다운 것을 창조하는 것일까? 아니면 이 모든 것일까? 내일도 행복의 의미가 똑같을까?

행복은 하나의 실험뿐만 아니라 학과목으로도 인정받고 있다. 200개가 넘는 대학교에서 행복에 초점을 맞춘 긍정 심리학 과목을 배운다. 긍정 심리학자 마틴 셀리그만(Martin Seligman)은 사람마다 행복의 기본 수준이 있다고 주장했다. 아무리 행복한 일이 있어도 다시 평소의 행복 수준으로 돌아간다는 것이다.

심리학 교수 소냐 류보머스키(Sonja Lyubomirsky)는 자신의 책《하우 투 비 해피: 행복도 연습이 필요하다》에서 행복의 수준을 결정하는 세 가지 요소는 타고 나는 행복 수준 50%, 환경 10%, 의도적인 노력 40%라고 말했다.[21] 그녀는 40%가 해결책이라는 아이디어를 내놓았다. 의도적으로 노력하면 40% 정도는 행복을 끌어올릴 수 있다는 것이다.

한마디로 행복은 의도와 목적이 있는 삶을 선택함으로써 나온다. 모든 에너지와 용기를 끌어모아 "내 삶의 목적은 무엇인가?"라고 묻는 사람도 있지만, 행복을 추구하면 욕망과 갈망이 자연스레 채워지리라고 생각하는 사람도 많다.

잠시 멈추어 스스로에게 물어보자. 나는 아침에 왜 일어나는가? 소리 내어 몇 번씩 물어보자. 그에 대한 답이 만족스러운가?

13장 　 오늘부터 어떻게 살 것인가? ▶

> 하루를 어떻게 보내느냐는 인생을 어떻게 살아가느냐를
> 말해준다.
>
> 애니 딜러드(Annie Dillard, 미국의 소설가)

존재에 관한 애니 딜러드의 성찰은 무척 흥미롭다. 하지만 정확히 무엇이 우리를 존재하게 만들까?

현존감이라는 개념은 일상의 경험에 '온전히 주의를 기울이는 마음 챙김'에서 나온다. 마음 챙김은 스트레스와 불안의 해독제다. 미래를 사는 탓에 현실에 온전히 머무르지 못하는 경향이 불안의 근본적인 원인이 된다. 물론 바쁘게 돌아가는 일과 삶에서 현존감을 느끼며 살아가기란 쉽지 않은 것도 사실이다.

합기도 대가이자 작가인 조지 레너드(George Leonard)는 "우리는 항상 무언가를 수련한다"고 말했다. 현존감을 느끼기 위해서는 마음 챙김 수련이 꼭 필요하다. 하지만 우리는 정기적인 수련에 시간

을 들이지 않는다. 꾸준한 수련을 해야만 머리가 아니라 마음 깊숙한 곳까지 들여다볼 수 있다. 그 마음 깊은 곳에서는 자연스럽고 이성적인 것을 넘어서는 힘이 발견된다.

나는 클라이언트들과 작업할 때 초심으로 돌아가라고 조언한다. 스즈키 순류는《선심초심》에 이렇게 적었다.

"시작하는 사람의 마음에는 많은 가능성이 있지만, 숙련된 사람의 마음에는 가능성이 아주 조금밖에 없다."

목적을 발견하고 현재를 살기 위해서는 몇 가지 단계를 거쳐야 한다. 이 장에서는 현재에 머무르도록 도와주는 두 가지 수행법을 소개한다. 정지 버튼을 누르고 '혼자만의 시간 가지기'와 '목적 수행 모임 만들기'다. 먼저, 현재에 머무르지 않으면 어떤 대가를 치러야 하는지부터 살펴보자.

우리가 치러야 하는 대가

마음 챙김은 고대 불교의 수행에서 유래했지만, 현대인의 삶과도 관련이 깊다. 마음 챙김은 주로 영적인 태도를 지닌 사람들이 도달하기 쉽지 않은 사고방식을 가리킬 때 사용하는 말이다. 기독교 사제, 힌두교 현자, 불교 수행자들은 모두 명상 같은 수행을 통해 이르는 마음 챙김의 순간에 대해 이야기한다.

마음 챙김 수행법은 간단하지만 절대 쉽지 않다. 노력과 규율이 필요하다. 안타깝게도 영적인 사람들이 말하는 '마음 챙김'은 보통 사람들의 흥미를 떨어뜨리는 경향이 있다. 너무 영적이고 감상적으로 느껴지기 때문이다. 실제로 마음 챙김은 이성적이고 세속적인 측면에서 과학적으로도 정의할 수 있다.

워크숍이나 코칭 작업에서 '마음 챙김'의 주제를 꺼내면 대개 이런 반응이 나온다. "그럴 시간이 어디 있어요? 바빠 죽겠는데!" 이런 반응은 문제가 있음을 뜻한다. 바쁘다는 이유로 주변에서 무슨 일이 일어나는지조차 알아차리지 못하기 때문이다. 조급증이 인간성을 장악해버린 것이다. 항상 어딘가로 바쁘게 나아갈 뿐 지금 있는 곳에 주의를 기울이지 않는 것, 이유도 모른 채 늘 바쁜 것, 아침에 일어나는 이유를 알지 못하는 것 모두 다 같은 문제에 속한다.

워싱턴 대학교 정보대학원의 데이비드 레비(David Levy) 교수가 만든 '생각할 시간이 없어(No Time to Think)'라는 제목의 도발적인 유튜브 영상은 이러한 상황을 분명하게 보여준다.[22] 이 영상은 미국 사회가 '더 많이, 더 좋게, 더 빠르게'라는 사고방식의 노예가 되어 성찰이나 마음 챙김 능력과 단절되고 있음을 명확히 보여준다.

레비의 연구는 연결을 목적으로 만들어진 첨단 기기가 어째서 오히려 단절을 일으키는지 설명한다. 우리 사회는 창의성과 독창적인 사고를 소중히 여기는 듯하지만, 직관과 마음 챙김의 힘을 믿지 않는다. 트위터는 새로운 차원과 이어지게 만들어줬지만 현재에 머무르는 시간을 대폭 줄여버렸다. 이러한 상황에서 트위터의 인기가 나날이 높아지고 있다는 사실은 어딘가 이상하고도 모순적이다.

정보통신 기술은 우리를 이어주지만 때때로 고립시킨다. 이메일, 휴대전화, 문자, 페이스북, 트위터, 인터넷은 모두 유용하다. 그러나 이 연결 도구들이 얼굴을 맞대고 이루어지는 교감을 없애고 현대인을 더 바쁘게 만드는 것도 사실이다.

오슬로 대학교의 교수이자 《순간의 독재(Tyranny of the Moment)》를 쓴 토마스 에릭센(Thomas Eriksen)에 따르면, 디지털 환경은 느린 활동을 차단한다.[23] 자신과 타인에게 온전히 집중하기 위해 꼭 필요한 것을 기술이 밀어내고 있다. 너무도 큰 손해가 아닐 수 없다.

신경과학자들은 뇌의 제일 안쪽에 있는 '파충류의 뇌'에 대해 이야기한다. 파충류의 뇌가 지배적이면 즉각적인 반응과 행동에 집중하게 된다. 파충류의 뇌는 본능의 뇌로서 인간의 욕구 및 신체 활동을 담당한다. 고차원적인 사고보다는 생존과 생식에 많은 관심을 두고 있는 영역이다. 그러나 한밤중이나 이른 아침에 몸이 편안하고 고요할 때는 마음 챙김의 상태를 활용할 수 있다. 즉, 고차원적인 사고를 할 수 있는 상태가 된다. 이를 신경과학자들은 신피질(Neocortex)이라고 부르는데 바로 목적과 연민의 상태라고 할 수 있다. 마음 챙김 상태에서는 마음이 이익을 앞지른다. 좀 더 넓은 의미로 타인을 바라볼 수 있게 된다.

잠깐 멈춤 버튼을 눌러라

현존감을 느끼고 이 순간 중요한 것과 연결되려면 잠깐 멈추어야 한다. 현존감을 연습하는 중요한 방법은 잠깐 멈춤 버튼을 누르는 것이다. 멈춤 버튼을 누르기 위해서는 마음 챙김을 연습해야 하는데 이때 중요한 것이 혼자만의 시간이다. 바쁜 일상에서 벗어나 아무런 방해 없이 조용히 있을 수 있는 시간을 가져야 한다. 소명에 귀 기울이려면 혼자 있는 시간은 반드시 필요하다. 이렇게 정기적으로 혼자만의 시간을 가지면 환상의 가면이 벗겨지기 시작하는데 이를 통해 정말로 중요한 우선순위를 가려낼 수 있다.

자아를 잃어버리면 삶을 바라보는 균형적인 시각도 사라진다. 마음 챙김을 통해 멈춤 버튼을 누름으로써 삶의 활력과 집중력을 되찾을 수 있다. 잠깐 멈추면 초점이 분명해져 에너지가 생긴다.

《멈춤의 법칙(The Pause Principle)》을 쓴 좋은 친구이자 동료 코치인 케빈 캐시먼(Kevin Cashman)은 CEO들과 세계 지도자들에게 "수행을 위해 멈추라"고 조언한다. 그는 "잠깐 멈추면 목적 있는 일을 수행할 에너지가 더 많이 생긴다"고 주장한다. 평생 마음 챙김을 해온 그는 멈춤에 대해 이렇게 정의했다. "멈춤의 법칙은 자신의 안에서, 타인의 밖에서 한걸음 물러나 진정성, 목적, 봉사로 사람들을 이끄는 의식적이고 의도적인 과정이다."

우리는 멈춤을 받아들일 때도 있고 그렇지 않을 때도 있다. 위기가 닥치면 어쩔 수 없이 멈춰야 한다. 삶이 순항할 때는 마음 챙김 능력이 사용되지 않기 때문에 점점 녹슬고 만다.

케빈은 "멈춤은 우리가 언제나 사용 가능한 본질적인 원칙이다. 우리가 의식적으로 이용하고 삶에 활용하기도 하는데, 멈춤이 갑자기 우리에게 구원의 손길을 내밀기도 한다"고 말했다. 멈춤이 어렵게 느껴지는 사람도 많겠지만 혼자만의 시간을 통해 우리는 우선순위를 정할 수 있다.

여기서 잠깐, 혼자(Solo)와 혼자되기(Soloing)의 차이는 과연 무엇일까? 혼자되기는 조용히 앉아 세 번 심호흡하고 귀 기울이는 과정을 말한다. 그렇다면 혼자만의 시간은 어떻게 가질까? 우선 심호흡을 세 번 한다. 평소보다 일찍 일어났다면 조용한 곳으로 가서 심호흡을 세 번 한다. 그리고 앞으로 펼쳐질 하루에 대해 생각한다. 목적의 순간으로 가득한 의미 있는 하루를 보내는 모습을 떠올리는 것이다. 오늘 하루 어떻게 성장하고 나눌 것인가? 건축가는 아이디어나 도면을 먼저 준비하고 건물을 짓는다. 예술가도 비슷한 방법으로 영감을 얻는다. 혼자만의 시간을 오늘 하루의 청사진을 그리는 시간이라고 생각해보면 어떨까?

매일 혼자만의 시간을 가져보자. 혼자 오래 운전할 때, 걸을 때, 달릴 때, 음악을 들을 때, 기도할 때, 명상할 때마다 혼자 시간을 보내보는 것이다. 가능하다면 하루도 빠짐없이 매일 하는 것이 좋다. 혼자만의 시간은 목적에 머무르도록 도와주는 수행이다. 결국 인생에서 새로운 길을 찾을 수 있도록 도와줄 것이다.

5분 멈추기 연습

—

혼자만의 시간을 갖는 이유는 잠시 멈춰 현재에 머무르기 위해서다. 잠깐, 아니 5분 동안이라도 멈추는 것이 가능할까?

고독과 휴식은 매우 중요한 역할을 한다. 고요한 휴식 상태에서는 원하는 방향에 집중할 수 있기 때문에 분명한 목적의식이 생길 수 있다. 이제 5분 멈추기 연습을 해보자.

- 잠깐 멈춤 버튼을 누른다. 모든 전자 기기의 전원을 끈다.
- 편안한 자세로 앉는다. 긴장감이 느껴지는 신체 부위가 어디인지 느껴보면서 스스로에게 자세히 설명해보자. 긴장감과 불편함을 전부 알아차리는 것이 중요하다.
- 눈을 감는다. 천천히 세 번 심호흡한다. 배로 숨을 쉰다. 코로 들이마시고 내쉬면서 깊고 느리게 호흡한다. 들이마시면서 속으로 하나를 세고 내쉬면서 둘을 센다. 몇 분 동안 계속한다.
- 이렇게 몇 분 동안 고요함을 음미한 뒤, 약 2분 동안 오늘이 어떤 하루가 되기를 바라는지 그려본다. 이런 질문을 해봐도 좋다. "내가 오늘 무엇을 위해 일어나야 하지?" "내 목적의 순간은 언제일까?" "오늘 어떻게 하면 성장할 수 있을까?"

- 소망하는 오늘 하루의 모습을 계속 떠올리면서 속으로 조용히 말한다. "난 오늘 한 사람의 삶을 바꿀 거야." 그리고 그 사람을 떠올려본다.
- 서둘러 눈뜨지 않는다. 오늘 목적이 있는 삶을 살 것이라고 암시한 후에 눈을 떠보자.

5분 멈추기 연습은 간단하고 시간도 별로 걸리지 않는다. 하지만 정말로 효율적으로 활용하려면 혼자 있어야만 가능하다. 목적을 찾고자 한다면 혼자만의 시간을 갖기 위해 꾸준히 노력해야 한다. 믿음을 가지고 일주일 동안 매일 해보고 도움이 되는지 판단해 보자.

혼자만의 시간이 습관으로 굳어지면 에너지와 집중력에 변화가 일어나고 하루의 일부분으로 완전히 자리 잡을 것이다. 혼자만의 시간을 갖는 것은 우리가 마음대로 활용할 수 있는 가장 간단하고 강력한 마음 챙김 수행이다. 매일 혼자만의 시간을 위해 잠시 멈출 수 있겠는가?

목적 수행 모임 만들기

현재를 살아가는 방법이 또 있다. 목적 수행 모임을 만들어 다른 사람들과 함께 이 책의 내용을 공부하고 이야기하는 시간을 갖는 것이다. 이 책은 파도처럼 흔들리는 삶 속에서 목적을 찾게 도와준다. 이 과정을 함께 공유할 사람이 있다면 뭔가를 시작하기가 좀 더 수월해진다.

목적 수행 모임은 벤저민 프랭클린(Benjamin Franklin)이 1727년에 만든 토론 클럽 준토(Junto)를 본뜬 것이다. 준토 회원들은 매주 금요일 밤에 필라델피아의 한 선술집에서 모였다. 프랭클린은 그 클럽이 "지역 최고의 철학, 도덕, 정치 학교였다"고 말했다. 그 모임은 여러 가지 질문으로 시작되었고 질문과 질문 사이에 잠깐 멈춰 포도주를 마셨다. 모임은 30년이나 계속되었다. 프랭클린은 준토를 국제적인 규모로 키울 생각도 했다.[24]

내가 해마다 탄자니아에서 진행하는 '리듬으로 돌아가기' 탐험은 걷는 목적 수행 모임이다. 3주 동안 오지를 걸어다니면서 하는 사파리 여행은 열두 명의 회원들에게 잠시 멈추고 성찰하는 기회를 제공한다. 사람들은 손목시계를 던지고 자연과 자신의 리듬에 온전히 집중한다. 밤마다 아카시아 모닥불에 둘러앉아 목적에 대해 이야기한다.

목적 수행 모임은 누구나 만들 수 있다. 두 명 이상의 사람만 모으면 충분하다. 다음의 자격 요건을 하나 이상 갖춘 사람들이면 더욱 좋다. 삶의 목적이라는 주제에 관심이 있고 당신이 속마음을 편하게 이야기할 수 있는 사람, 네 번의 모임에 참석할 수 있는 사람, 모임에 참석하기 전에 책의 정해진 부분을 읽고 질문에 답할 수 있는 사람, 자신을 투명하게 드러내는 것을 불편해하지 않는 사람.

목적 수행 모임 시간은 아침이나 점심시간, 퇴근 후가 좋다. 회원들이 깊은 대화를 위해 두 시간 정도 시간을 낼 수 있다면 아무 때나 상관 없다. 참가자들은 모임 전에 읽기와 성찰 과제를 꼭 마쳐야 한다(이 책 뒤쪽의 참고 자료 참고).

목적 수행 모임의 회원으로 누구를 초대하고 싶은가? 심오한 질문에 대해 편안하게 대화할 수 있는 사람이 주위에 있는가?

14장　목적이 있는 사람은 더 오래 산다 ▶

> 진정한 행복이 무엇인지에 대해 잘못 생각하는 사람들이
> 많다. 진정한 행복은 자기만족에서 얻어지는 것이 아니라
> 삶의 목적에 충실함으로써 얻어진다.
> 헬렌 켈러

　가치 있는 목적에 충실하면 공동체도 강해진다. 인간은 태어날 때부터 목적을 찾기 위해 노력하는 존재다. 목적은 건강과 장수에도 필수적이다. 믿기지 않는다면 목적의식을 잃거나 포기하는 사람들이 병에 걸리거나 죽을 확률이 어떤지 확인해보기 바란다. 은퇴 이후 목적이 없는 사람은 뚜렷한 목적이 있는 사람보다 일찍 사망하거나 병에 걸릴 확률이 훨씬 높다.

　그동안 우리가 직관적으로만 알고 있었던 사실이 과학적 연구로도 증명되고 있다. 목적은 건강 측면에서 우리에게 많은 도움을 준다. 목적의 순간을 서로 공유함으로써 의미가 생기고 커지기도

한다. 또한 공동의 목적을 통해 우리는 소속감을 느끼기도 한다. 공동체 안에서의 상호작용은 삶의 질을 더욱 높여준다. 이 장에서는 목적과 공동체의 연결 관계에 대해 설명하고자 한다.

목적 프로젝트

공동체와 건강의 연관성에 대한 관심이 커지면서 의학 분야의 전문가들은 의미, 건강, 장수의 관계에 대해 연구했다. 실제로 목적이 있을 때 삶의 시련을 이겨내는 능력도 향상된다는 사실을 보여주는 연구 결과도 있다.

그러나 목적이 어째서 공동체에 영향을 끼치는지 정확히 아는 사람은 없다. 일부 전문가들은 공동체의 긍정적인 효과가 면역력에 좋다고 알려진 '희망' 때문이라고 추측한다. 그런가 하면 사회적 연대를 지적하는 사람들도 있다.

개인의 삶이 공동체의 일부분이라고 느끼는 사람일수록 그렇지 않은 사람보다 면역력이 강하고 혈압이 낮고 심장질환과 암에 걸릴 확률도 낮으며 장수한다(평균 7년)는 연구 결과가 점차 늘어나고 있다. 자신보다 커다란 무언가와 이어져 있으면 시련과 변화에 대처하는 능력도 향상된다. 이러한 연구 결과와 발맞추어 현재 미국의 의대 125곳 중 72곳에서 영성과 치유를 가르친다. 참고로 1990년대 중반까지만 해도 단 세 곳에 불과했다.

미네소타 대학교 아카데믹 헬스 센터(Academic Health Center) 산하의 영성과 치유 센터(Center for Spirituality and Healing)는 교육, 연구, 건강, 치유를 위한 혁신적인 프로그램으로 웰빙과 공동체 연대를 촉진한다. 이 센터를 설립한 메리 조 크레이처(Mary Jo Kreitzer) 소장이 나를 그곳의 선임연구원으로 초청한 타이밍은 완벽했다. 우리는 목적이 삶에는 물론 공동체에도 꼭 필요하다는 사실을 확고히 하고자 목적 프로젝트를 고안했다.

그 프로젝트의 영향력은 초기부터 대단했다. 우리의 목적은 목적의 힘을 이용해 더욱더 건강한 공동체를 만드는 것이었다. 이후 제2회 연례 전미 긍정적 노화 학회(Second Annual National Positive Aging Conference)를 후원하기 시작했다. 봉사 목적 워크숍을 통해 긍정적인 인생 계획에 필요한 시간과 도구를 제공하기도 했다. 우리의 비전은 건강한 공동체를 건설하는 것이었고 바이탈리티 프로젝트(Vitality Project)와의 파트너십을 통해 더욱 강력해졌다.

바이탈리티 프로젝트
—

앞서 말한 '목적 프로젝트'는 바이탈리티 프로젝트와 미네소타주 앨버트리 시민들이 협력하여 지역사회 전체의 웰빙을 개선시키기 위한 실험이었다.[25] 특히 바이탈리티 프로젝트는 식단과 운동만 강조하지 않고 전 세계 장수 지역 '블루존(Blue Zones)'에서 나온 유익한 정보도 활용했다. 베스트셀러《블루존》을 쓴 내셔널 지오그래픽의 세계 탐험가 댄 뷰트너(Dan Buettner)가 이끄는 공무원과 지역 자원봉사자들로 이루어진 팀이 한 도시 전체를 변화시킬 혁신적인 계획을 실행했다.[26]

블루존 바이탈리티 프로젝트는 뷰트너의 책에 나오는 '장수한 사람들이 전달하는 교훈 아홉 가지'를 활용했다. 블루존은 다음의 기준을 포함해 건강한 선택을 돕는 네 가지 공동체 생활환경을 만들었다. 걷거나 자전거를 타기 좋은 도시인가? 친구들이 서로 지지해주는가? 집과 사무실이 건강에 좋은 선택을 하도록 돕는 환경인가? 목적의식을 느끼면서 아침에 일어나는가?

프로젝트의 목적은 생활환경을 바꿔 1인당 평균 수명을 2년 늘리는 것이었다. 미국 전역의 전문가들이 참가자들에게 모범적인 사례를 가르쳤다. 10개월 동안 실행된 열 가지가 넘는 동시 과제를 통해 지역 내 성인 인구의 약 25%가 실험에 참여했다. 참가자들은 프로젝트의 시작과 종료 시점에 온라인 바이탈리티 컴퍼스(Vitality Compass®) 테스트를 치렀다. 테스트 결과 평균 수명은 2.9년 늘어났다.

캐시와 케빈 퍼디 부부는 '목적 찾기'라는 주제의 워크숍에 참석했다. 캐시는 이미 지역 식당의 3분의 2가 건강을 위한 선택을 하도록 설득함으로써 공동체의 발전에 앞장서고 있었다. 워크숍에 참여한 부모들은 자녀들에게 더 좋은 본보기가 되어야 한다는 공동의 비전을 세웠다. 이에 퍼디 부부는 대학 졸업장을 따는 것이 가장 좋은 본보기를 보여주는 것이라 생각했고, 몇 주 후 바로 행동으로 옮겼다. 프로젝트의 종료를 축하하는 자리에서 퍼디 부부는 나에게 자녀들을 소개해주었다. 아이들의 환한 얼굴에는 공부를 하기로 한 부모를 자랑스러워하는 기색이 역력했다. 케빈이 말했다. "분명한 목적의식은 우리 부부를 계속 앞으로 나아가게 해줬어요. 건강한 삶을 살고자 노력하는 사람이라면 목적은 반드시 필요합니다."

목적 워크숍에 거의 1000명이 참석했고(지역 성인 인구의 약 7%) 그 결과로 이루어진 봉사활동이 2276시간에 이르렀다. 목적의 순간이 얼마나 늘어났는지는 측정하기 어려웠지만 공동체 분위기는 매우 고무적이었다. 공동체는 장소일 뿐만 아니라 마음 챙김이 시작되는 상태이기도 하다. 마음 챙김은 희망과 가능성에 대한 인식, 이상을 위한 헌신, 문제 해결에 대한 갈망, 공동체를 위해 개인의 창의력을 쓰고자 하는 욕구로 시작된다.

이 프로젝트는 처음 목표한 대로 모방 가능한 모델을 탄생시켰고 미디어의 이목을 집중시켰다. 미디어에서 적극적으로 다뤄준 덕분에 많은 사람들이 비슷한 프로젝트를 하고자 했다.

새로운 에디나 프로젝트

—

미네소타주의 에디나시의 지도자들과 시민들도 지역 사회를 위한 새로운 비전을 마련하는 '에디나 재창조(Edina Reimagined) 프로젝트'를 진행했다. 이 프로젝트는 나와 에디나의 짐 호블랜드(Jim Hovland) 시장과의 대화에서 출발했다. 그가 말했다.

"은퇴한 사람들에게서 시에 도움이 될 만한 일이 없는지 물어보는 전화가 많이 옵니다. 지역 사회에 참여할 수 있다는 사실에 다들 기대하고 있어요."

그 대화는 큰 행사로 발전했다. 노인과 젊은 세대 모두가 공동체의 목적과 연결되어 사회적 영향력을 끼치고 비슷한 사람들을 만나는 경험을 바라고 있었다. 또한, 지역 사회의 많은 기업이 이제 단순히 수익을 추구하기보다 사회적 선행과 직원들의 목적의식으로 관심을 돌리는 경우가 많다는 사실도 알 수 있었다.

여러 질문이 쏟아졌다. 에디나는 시민들의 변화한 사고방식에 어떻게 대처해야 하는가? 시민들의 욕구를 충족하려면 어떤 역량이 필요한가? 어떻게 하면 시민들이 목적과 의미로 가득한 삶을 살 수 있을까? 목적이 있는 공동체에 대해 어떻게 생각해야 하는가? 도시가 시민들의 삶과 일에 필요한 사회 기반시설을 제공하는 것처럼 에디나는 시민들이 좀 더 의미 있는 삶의 방식을 선택하도록 어떤 토대를 제공할 수 있는가?

시의 지도자들은 답을 찾기 위해 미국 은퇴자협회(AARP)의 살기 좋은 도시 프로젝트, 라이프 리이매진 LLC(Life Reimagined LLC)와 손잡고 에디나 재창조 프로젝트를 발족시켰다. 200명이 넘는 시민들과 함께하는 '정상' 회의를 소집하는 것이 첫 단계였다. 시장과 정책입안자, 교육감, 경제계 지도자, 상공회의소, 기업가, 사회운동가, 시민들이 함께 프로젝트에 참여했다.

직장, 은퇴, 자원봉사, 평생 학습, 건강, 문화 같은 주제가 다루어졌다. 대개 다양한 생각을 가진 사람들이 모이면 잡음도 많아서 단 하나의 목적에 합의하기가 쉽지 않은데 에디나 재창조 프로젝트의 경우, 다양한 분야의 사람들이 참여했음에도 순조롭게 진행되었다.

에디나 재창조 프로젝트는 지역 사회의 관심을 불러일으켰고, '목적이 있는 삶'이라는 이상을 지지하고 삶의 변화에 놓인 개인을 도와주는 공동체 기반의 프로그램을 개발한다'는 초기의 목적을 세울 수 있었다.

에디나의 지도자들은 '라이프 리이매진 진단 테스트'를 이용해 추적 조사를 담당할 특별 위원회를 꾸렸다. 라이프 리이매진 LLC의 여섯 단계 방식을 이용해 만든 이 진단 테스트는 120분짜리 경험으로 사람들이 현재 상황과 앞으로의 방향을 이해하도록 도와주었다. 무료로 이용할 수 있는 이 프로그램은 개인적 성찰과 통찰이 있는 활동, 의미 있는 네트워킹으로 사람들을 이끌었다. 주민들은 빠르게 진단 테스트를 시행했다.

에디나 재창조 프로젝트는 아직 초창기에 머물러 있다. 하지만 혁신적인 프로그램과 서비스를 온라인과 오프라인에서 더 많이 제공할 계획이다. 구체적으로 말하면 목적 있는 삶을 뒷받침하는 실시간 프로그램, 도구, 콘텐츠, 독서 클럽, 오프라인 만남과 행사다.

재창조된 에디나는 나중에 어떤 모습일까? 앞으로는 다음의 다섯 가지 특징을 발달시키는 것이 도시의 기본적인 도전 과제가 될 것이다. 어쩌면 에디나는 도시 재창조의 새로운 모델이 될지도 모른다.

- 목적이 있는 도시에는 적극적으로 참여하는 시민들이 있다.
- 목적이 있는 도시는 경제적인 측면과 아울러 인간적인 측면을 고려해 성공을 측정한다.
- 목적이 있는 도시는 의미 있는 상호작용이 이뤄지는 장소와 기회를 제공한다.
- 목적이 있는 도시는 나이에 구애받지 않는 노화와 건강한 생활방식을 장려한다.
- 목적이 있는 도시는 평생 학습 기회를 제공한다.

남을 도울 때 몸이 더 건강해진다

바이탈리티 프로젝트와 목적 프로젝트, 재창조 프로젝트는 사람들이 단순히 더 오래 살고 싶어 하는 것이 아니라 활기차고 의미 있는 삶을 원한다는 사실을 보여준다.

건강한 공동체 생활은 신체를 넘어 감정, 사회, 영혼으로 확장된다. 건강한 삶을 살면서 장수하는 것은 사람들의 궁극적인 목표다. 그렇다면 목적의식이 있는 건강한 공동체를 만드는 열쇠는 무엇일까?

신경과학과 연구자들은 관심과 연민이 신체에 어떤 이득을 주는지 밝혀냈다. 다시 말해, 남을 도울 때 뚜렷한 신체적 감각을 경험한다는 것이다. 그 감정을 '헬퍼스 하이(Helper's High)'라고 부르는데 경험자들에 의하면 가볍고 활기 넘치는 기분이라고 한다. 참고로 차분함과 연민을 경험하는 사람들도 있다.

남들을 도와줄 때 느끼는 신체적, 정서적 감각이 뇌의 화학물질 때문이라는 증거는 곳곳에서 나오고 있다. 우리 몸에서 만들어지는 천연 진통제이자 기분 강화제인 엔도르핀은 헬퍼스 하이와 비슷한 감정을 자극한다. 좋은 일을 하면 엔도르핀과는 다른 긍정적인 화학물질이 분비된다. 반면, 오로지 자신에게만 몰두하면 이로운 화학물질의 분비는 줄어든다. 물론 앞으로 더 많은 연구가 필요하다.

급성 혹은 만성 질환이 있는 사람이라고 헬퍼스 하이를 경험하지 못하는 것은 아니다. 물론, 갑자기 얻은 병이나 장애로 삶의 방식이 완전히 바뀌면 기존에 꾸려온 삶을 포기할 수밖에 없다. 하지만 공동체의 유대감을 찾는 새로운 계기가 마련되기도 한다.

병이나 장애는 자립심을 빼앗고 건강했던 시절의 목적과 의미에도 다가갈 수 없게 만든다. 하지만 목적은 상황에 구애받지 않는다. 실제로 시련은 새로운 길을 제시하기도 한다. 물론 시련이 닥쳤을 때 목적과 방향을 다듬지 못하면 우울증, 절망으로 이어질 수도 있다.

낸시 건더슨은 젊었을 때 자연을 사랑하는 여성이었다. 고고학과 역사 연구 분야를 전공하면서도 자주 카누를 즐겼다. 박물관에 취업하고, 4개 국어를 쓰며 유럽 여행을 즐기고, 계보학을 연구하고, 결혼해 아이를 낳는 것이 그녀의 계획이었다.

하지만 20대 후반에 큰 병에 걸리면서 그녀의 삶의 반경은 급격히 좁아졌다. 힘과 에너지가 고갈되고 통증도 점점 심해지자 처음에는 대학원을 졸업하는 것과 가정을 꾸리는 계획을 접어야 했다. 그다음에는 취직을 포기했다. 완전한 장애인이 된 후로는 운전도 하지 못하게 되었다. 장보기, 청소, 빨래, 병원 방문 등 친구들의 도움 없이는 아무것도 할 수 없었다. 한때 혼자 오슬로와 프랑크푸르트, 파리를 누볐던 그녀지만 이제는 전기 휠체어로 겨우 아파트 복도를 오가거나 가끔 친구들의 도움으로 바깥 공기를 쐴 뿐이었다.

하지만 낸시는 목적 있는 삶을 살고 있다. 그녀는 세 조카에게 사랑과 관심이 넘치는 고모다. 비록 만나러 갈 수는 없지만 스카이프로 여전히 조카들의 삶에 함께한다. 장보기와 청소, 빨래를 도와주는 친구들은 그녀의 집에서 함께 커피를 마시며 지혜로운 조언과 격려의 말, 배려 있는 선물, 유쾌한 유머를 주고받는다. 낸시는 아파트 이웃들에게도 관심을 기울인다. 여전히 독서 모임을 이끌고 아파트 위원회의 회계 담당자로 봉사하면서 재정 보고서를 조사한다. 위원회 모임이 있을 때마다 며칠을 앓아누워야 하지만 아파트의 유지보수에 필요한 예산이 책정될 수 있도록 힘쓴다.

그녀의 건강, 힘, 에너지는 다른 사람보다 부족하다. 그러나 그녀는 자신을 보살펴주는 사람들을 도우며 헬퍼스 하이를 느낀다.

요양원 같은 시설에서 거주하는 사람이라도 목적의식이 가득하다면 경청이나 동료애를 주변과 나눌 수 있다. 이웃의 목소리에 시간을 내어 귀 기울이고 필요하다면 격려와 희망도 줄 수도 있다. 이러한 식의 봉사는 아픈 사람들에게 유능감을 느끼게 하고 아침에 일어날 이유가 되어준다. 삶에 새로운 의미가 생기면 건강하게 더 오래 살 수 있을지도 모른다.

스트레스가 필요하다

행복한 삶과 건강한 공동체를 위해서는 스트레스가 필요하다. 제대로 읽은 것이 맞다.

스트레스가 해롭다는 사실은 잘 알 것이다. 미국에서는 스트레스로 잦은 무단결근과 의료비용이 발생해 연간 2000억 달러의 경제적 손실을 입는다. 또한 스트레스는 목숨을 앗아가기도 한다. 당연히 이런 스트레스라면 적을수록 좋다. 우리에게 필요한 것은 적정량의 올바른 스트레스다.

많은 사람이 봉사나 타인에 대한 선의 표현이 긍정적인 스트레스를 일으킨다고 주장한다. 스트레스를 처음 정의한 한스 셀리에

(Hans Selye)는 이타적인 이기주의야말로 사람을 무력하게 만드는 스트레스가 없는, 보람 있는 삶을 사는 방법이라고 주장했다. 한마디로 타인에게 봉사한다는 뜻이다.

셀리에는 우리 몸이 본능적으로 자기보호를 추구한다고 지적했다. 쉽게 말하자면 이기심이다. 셀리에의 이론에 따르면, 자기중심적인 본성을 이타적인 행동으로, 즉 타인의 선의와 존경을 얻는 태도와 연결하면 의미 있는 삶을 살 수 있다는 이야기다.

우리는 이타적인 욕구는 물론이고 인간의 본성을 절대로 완전히 이해할 수 없을지도 모른다. 하지만 목적이 있는 공동체는 같은 인간을 보살피고 그 과정에서 자신도 돌보게 된다는 아주 간단한 논리를 중심으로 돌아간다.

서로를 돌보는 일이 삶의 가장 중요한 의미가 되는 것이다. 그렇다면 어떠한 보살핌이 우리가 원하는 공동체 의식을 가져다주는지 알아야 한다. 우리에게 필요한 것은 스트레스 자체가 아니라 실천으로 옮겼을 때 삶에 의미를 가져다줄 수 있는 과제다.

당신은 목적이 있는 공동체에 속해 있는가? 하루 적당량의 헬퍼스 하이를 채우고 있는가?

15장 과학으로 목적을 설명할 수 있을까? ▶

> 진지하게 과학을 탐구하는 사람이라면 어떤 영적인 것이
> 우주의 법칙에 드러나 있다는 사실을 확신하게 될 것이다.
> 대수롭지 않은 능력을 가진 인간이 겸허해질 수밖에 없는
> 그런 영적인 것 말이다.
>
> 알베르트 아인슈타인

　　인간의 조건을 이해하는 것은 훨씬 더 복잡한 문제다. 우리는 세상에 태어난 순간부터 나이를 먹는다. 하지만 영적으로는 성장하고 성숙해진다. 노화는 신체에서 일어나는 일이지만 성장은 영혼이 하는 일이다. 노화에는 별다른 것이 필요하지 않지만 성숙함에는 영적인 길이 필요하다.

　　아인슈타인 역시 나이가 들기만 한 것이 아니라 영적으로도 성숙해졌던 듯하다. 하지만 의식적인 선택이 따르지 않으면 그저 몸만 늙는다. '영적'이라는 단어에는 문화적인 특색이 많이 드러나는

데 이 단어를 사용하면 많은 사람이 즉각 의심을 한다. 이러한 관점에서 과학과 영성의 토론은 양쪽의 사고방식을 짓누른다. 과학과 영성은 서로의 필요성을 입증하는데, 이는 양쪽의 지지자들을 매우 답답하게 만드는 개념이다.

역사적인 석학들은 저마다의 감성으로 영적인 것과 과학적인 것을 합치려고 투쟁했다. 이 장에서는 영성과 목적의 과학 사이의 연관성에 대해 살펴볼 것이다.

영적인 성장

목적을 모르는 채로 살아가면 그냥 나이만 들 뿐이다. 하지만 의식적인 선택과 함께 나이가 들면 인생에서 길을 잃더라도 다시 길을 찾을 수 있으므로 성숙하고 지혜로워진다.

무엇이 목적에 이르는 길을 선택하지 못하도록 가로막는가? 바로 시간이다. 오늘날 사람들이 느끼는 가장 큰 압박감은 시간 부족이다. 우리는 기술의 발달로 컴퓨터와 스마트폰 같은 기기를 통해 하루 24시간, 일주일 7일 내내 깨어 있다. 전자기기가 일과 사생활의 경계를 허물어 우리는 근무 시간 이외에도 일과 연결된다. 주말, 공휴일, 심지어 휴가 때도 말이다. 출근 시간이 영원히 끝나지 않는 사람들이 늘어나고 있다.

인간은 항상 시간에 쫓기며 살아간다. 오늘날 달라진 점이라면 사회 전반에 스며든 첨단 기술과 곧바로 응답해야만 한다는 사고 방식이 삶을 가속해서 인간관계를 얄팍하게 만들었다는 것이다. 자신과 타인에게 집중하기도, 자아를 초월한 근원과 이어지기도 더욱 어려워졌다.

결과적으로 영혼이 고통받는다. 이러지도 저러지도 못하고 꽉 막힌 상태에서 의미와 목적이 있는 삶은 뒤로 밀리게 된다. 바로 조급병의 폐해다.

종교가 아니라 영성
—

의사이자 영적 지도자인 디팩 초프라(Deepak Chopra)와 물리학자 레너드 플로디노프(Leonard Mlodinow)는 《세계관의 전쟁》에서 과학과 영성의 전쟁에 관해 이야기한다. 과학은 영성이 편파적, 비과학적이라고 말한다. 영성은 과학이 근시안적이고 배타적이며 고집스럽다고 주장한다. 두 세계관을 어떻게 합칠 것인지는 독자들의 몫으로 남겨진다.

영성과 종교를 똑같은 뜻으로 사용하는 경우가 많지만 이 둘은 엄연히 다르다. 종교는 관행 혹은 전통이나 제도, 공동체의 규칙을 따르는 것과 관련 있다. 반면, 영성은 좀 더 개인적이다. 개인의 경험을 더 높은 존재(Higher Power)와 아우른다. 이러한 정서는 자신을 "영적이지만 종교적이진 않다"라고 표현하는 미국인 전체 4분의 1에서 똑같이 나타난다. 단어의 구분은 세계관 전쟁의 일부분이다.

미국 1위 종합병원 메이오 클리닉의 건강 관리와 영성 위원회(The Spirituality in Healthcare Committee)는 영성을 이렇게 정의한다. "영성은 내면의 지혜와 활력을 찾음으로써 삶에서 일어나는 모든 일과 인간관계에 의미와 목적을 부여하게 되는 역동적인 과정이다."

이 위원회의 보고서에서는 또 이렇게 설명한다. "역동적인 과정으로써의 영성은 개인이 비극, 위기, 스트레스, 질병, 고통, 시련 속에서도 삶의 의미와 목적을 발견하게 해준다. 이 과정은 내적인 탐색이다. 이 탐색을 위해서는 침묵, 사색, 명상, 기도, 자기 대화, 통찰이 이끄는 방향으로 마음을 열어야 한다. 영성은 탄생부터 죽음까지 인생의 경험에 온전히 참여하는 힘을 준다."

목적을 찾으려면 삶에 의미를 제공하는 영성 혹은 종교를 통해 내면의 지혜를 경험해야만 한다.

결국 영적인 여정이다

목적은 천재성이나 성별, 민족, 나이와는 상관없다. 그것은 자신에게 정말로 중요한 것을 찾는 일이다. 자기 안의 재능을 찾아 세상과 나누는 것이다. 따라서 사는 동안 재능을 다른 사람에게 나눠주고 온전히 다 쓰인 상태로 죽음을 맞이해야 한다.

삶의 목적을 찾고자 하는 젊은 남자가 랍비 메나첨 멘델 슈니어슨(Menachem Mendel Schneerson)에게 편지를 보냈다. 남자는 자신이 만난 모든 지혜로운 사람과 삶의 목적에 대해 토론하고, 목적에 관한 책도 전부 찾아 읽었으며, 위대한 스승들에게 가르침을 얻고자 멀리까지 찾아갔다. 하지만 그의 삶의 목적에 대해 무엇인지 말해줄 수 있는 사람은 아무도 없었다. 그래서 그는 랍비 슈니어슨에게 물었다. "내 삶의 목적이 무엇인지 말해줄 수 있습니까?"

랍비 슈니어슨은 이렇게 답했다. "당신 삶의 목적을 알게 될 때쯤이면 실행할 시간이 남아 있지 않을 것입니다. 그러니 계속해 나가세요." 다시 말해서 선한 행동을 계속하다 보면 하루마다 조금씩 삶의 목적이 모습을 드러낼 것이라는 이야기다.

평생 삶의 의미에 대한 철학적인 이야기를 나누고 우주 안에서 자신의 위치를 고민해도 계속해 나가지 않으면 의미를 놓칠 수 있다. 목적의 힘은 적어도 한 사람의 삶을 바꾸는 선택을 할 수 있다는 사실을 알아차리는 데에서 나온다.

목적이 있는 삶은 자아에 몰두하는 자기 탐구가 아니다. 돌봄과 연민을 계속해 나간다는 뜻이다. 주변에 도움이 필요한 사람이 있는가? 어떻게 하면 세상을 아주 조금이라도 바꿀 수 있을까? 누군가의 삶을 바꾸기 위해 이 순간 할 수 있는 일이 무엇인가?

목적을 찾아가는 시간은 결국 영적인 여정이다. 우리가 성숙해짐에 따라 목적도 깊고 풍부해지며 지혜로워진다. 목적은 자신과 타인의 선함과 이어지고자 하는 순수한 갈망으로 시작한다.

찰스 핸디(Charles Handy)는 《역설의 시대(The Age of Paradox)》에서 이렇게 말했다.

"나는 진정한 성취가 간접적이라고 생각한다. 우리는 타인의 성취와 성장, 행복에서 가장 깊은 만족감을 얻는다. 그 사실을 깨닫기까지 많은 시간이 걸린다. 평생이 걸리는 일도 허다하다. 부모와 교사, 훌륭한 관리자, 억압받는 사람들을 돌보는 사람들은 그 사실을 잘 알고 있다."

21세기에 의미와 일관성이 있는 삶을 살기 위해서는 목적과 연민이 시대정신으로 자리 잡아야 한다. 지속가능한 세상을 만들고 개인의 웰빙을 끌어올리려면 모두가 연민의 능력을 길러야 한다.

목적은 몸과 마음을 키운다. 심리학자 데이비드 맥클레랜드(David McClelland)의 연구에 따르면, 마더 테레사가 인도의 가난한 사람들에게 연민을 베푸는 영상을 보는 것만으로도 사람들의 면역력에 매우 긍정적인 변화가 일어났다고 한다.

그렇다면 타인의 욕구를 무시하고 오로지 자신에게만 집중하면 어떨까? 면역력이 떨어져 건강에 안 좋은 영향을 끼칠 수 있다. 마더 테레사처럼 삶의 목적이 신을 섬기는 것이든, 자녀를 건강하게 기르는 것이든, 건강한 공동체를 만드는 것이든, 아름다운 음악을 연주하는 것이든 다른 사람을 위한 목적은 우리에게 살아갈 힘을 준다.

우리가 타인에게 끼치는 영향은 눈으로 확인할 수 없을 때도 있지만 크건 작건 삶의 커다란 패턴에 이바지하고 있음을 느낄 수 있다. 내가 변화를 만들어가고 있음을, 내 삶이 중요하다는 것을 알 수 있다.

영적인 목적

남을 돕는 것이 개인적인 욕구에 집중하는 것보다 훨씬 큰 성취감을 준다는 사실을 느끼면 연민이야말로 목적이 이끄는 삶의 중심임을 이해하게 된다. 주요 종교와 전통에서도 이 사실을 잘 알고 있기 때문에 자신의 필요와 욕구에만 집중하지 말고 이웃을 돌보고 사랑하라 가르치는 것이다.

역사적으로 지혜로운 사람들이 어떤 가르침을 남겼는지 한번 살펴보자.

모세(약 BC 1400): 원수를 갚지 말며 동포를 원망하지 말며 네 이웃 사랑하기를 너 자신과 같이 사랑하라.

크리슈나(BC 900): 그 어떤 상황에도 흔들리지 않고 한결같은 마음으로 섬기는 자는 초월 상태에 이르므로 브라만이 되기에 합당하니라.

석가(BC 563~483): 타인을 자신으로 여겨라.

공자(BC 551~479): 이미 재물을 얻은 자가 남의 재물을 탐낸다.

예수(약 BC 4~AD 30): 이웃을 너 자신과 같이 사랑하라.

남에게 대접을 받고자 하는 대로 너희도 남을 대접하라.

무함마드(AD 570~632): 네가 베푼 선행은 너에게 돌아오나니, 너는 불공정한 대접을 받지 않을 것이다.

연민이 중심을 이루는 삶은 타인을 위해 사는 삶이다. 삶의 목적을 찾기가 어렵고 오래 걸릴 수도 있지만 연민은 목적을 찾아가는 길을 잃지 않도록 돕는다. 시간이 지남에 따라 마침내 온전히 모습을 드러낸 목적은 삶에 존엄성과 의미를 부여한다. 연민과 목적이 의무감이나 도덕적 의무처럼 짐스럽게 느껴지지 않는다. 내가 세상에 태어난 이유이기에 연민과 목적에 관심을 쏟을 수밖에 없다. 목적의 힘은 연민의 힘이다. 그것만이 세상에 나눠줄 수 있는 가장 위대한 선물이다.

연민의 수행

달라이 라마는 자신의 책에서 이렇게 말했다. "남이 행복하기를 바란다면 연민을 수행하십시오. 스스로 행복하기를 바라면 또한 연민을 수행하십시오."[27]

연민의 수행이 행복뿐만 아니라 뇌 건강과 웰빙에도 도움이 된다는 사실이 신경학 연구에서 확인되었다. 스탠퍼드 대학교의 연민과 이타주의 연구 및 교육 센터(Center for Compassion and Altruism Research and Education)에서는 연민이 뇌에서 어떻게 나타나고 건강에 어떤 영향을 끼치는지 연구했다.[28]

그들은 연민이 강력한 생체 반응을 일으킨다는 사실을 발견했다. 연민을 수행할 때 심장 박동수와 혈압 수치가 낮아졌다. 우리는 연민을 통해 더 행복해지고 건강해질 수 있다.

과학자들도 신에게 기도할까?

과학과 영성의 싸움에서는 승자가 나올 수 없다. 둘의 싸움은 자멸로 가는 길이다. 과학과 영성은 모두 목적에 새로운 통찰을 줄 수 있다는 점에서 주목할 만하다.

특히 알베르트 아인슈타인이 한 소녀에게 쓴 편지는 이 싸움을 매우 분명하게 보여준다. 《아인슈타인의 유쾌한 편지함》에는 필리스라는 소녀가 1936년에 아인슈타인에게 보낸 편지가 실렸다. 자세히 들여다보자.

1936년 1월 19일
친애하는 아인슈타인 박사님께

주일학교에서 이런 질문이 나왔어요. "과학자들도 신에게 기도할까?" 과학과 종교를 둘 다 믿어도 되는지에 관한 질문에서 나온 궁금증이에요. 저희는 이 질문의 답을 알아보려고 과학자들과 여러 중요한 사람들에게 편지를 쓰고 있답니다.

이 질문에 답해주신다면 정말 감사하겠습니다. 과학자들도 신에게 기도를 하나요? 뭐라고 기도하나요?

저는 초등학교 6학년이고 앨리스 선생님네 반입니다.

존경을 담아,

필리스 올림

아인슈타인은 닷새 후 답장을 보냈다. 그의 답변은 이 장에서 우리가 살펴보는 질문을 다룬다.

1936년 1월 24일

친애하는 필리스에게

네 질문에 최대한 간단하게 답해주마. 내 답은 이렇단다.

과학자들은 세상의 모든 일이 자연의 법칙을 따른다고 믿지. 그래서 과학자들은 인간에게 일어나는 사건들이 기도에 영향을 받는다고 믿지 않아.

그러나 자연의 힘에 대한 인간의 지식이 완전하지 않아 결국 궁극적인 영의 존재를 믿고 있는데 그런 믿음은 일종의 신앙이지. 과학이 놀라운 발전을 이룬 지금도 그런 믿음은 널리 퍼져 있단다.

과학을 진지하게 탐구하는 사람은 어떤 영적인 것이 우주의 법칙에 드러나 있다는 사실을 확신하게 되지. 그렇기에 과학의 추구는 종교적 신앙과는 무척 다른, 특별한 종교적 감정으로 이어진단다.

다정한 인사를 담아,

아이슈타인[29]

궁극적인 삶의 목적

—

아인슈타인은 뛰어난 물리학자이자 평화주의자였고 과학과 영성을 탐구했으며 각계각층의 다양한 사람에게 조언을 해주었다. 나는 아인슈타인도, 과학자도 아니다. 하지만 영성과 과학의 토론이 벌어진다면 영성 쪽을 지지하게 될 것 같다. 나에게는 영성을 통해 의미와 목적이 우주와 하나가 되므로 실존적 공허가 느껴지지 않기 때문이다.

나라면 필리스에게 이렇게 답장을 쓸 것이다.

친애하는 필리스에게

나는 인간을 비롯한 모든 존재가 불가사의하며 구체적인 목적을 실행하도록 만든 근원이 존재한다고 믿는단다.

우리가 살아가는 목적은 연민의 마음으로 타인에게 봉사함으로써 성장하고 나누기 위해서야. 목적은 자신과 봉사를 연결시켜 살아갈 이유, 아침에 일어나는 이유를 만들어주지.

필리스, 사람은 누구나 마찬가지로 그 근원에게서 받은 특별한 선물을 가지고 태어난단다. 우리는 태어나 죽을 때까지 성장하고 그 선물을 나누라는 부름을 받지.

인간은 자유롭기에 인간이지. 인간성의 본질은 자유란다. 그렇기에 어떤 상황이든지 삶의 모든 순간에는 성장하고 나눌 자유가 있단다.

인간은 오래 살수록 성장하고 연민이야말로 가장 중요한 교훈이라는 사실을 알게 되지. 연민은 자신에게 주어진 선물을 남에게 나눠주고 싶은 마음이란다.

필리스, 마지막으로 나는 삶의 궁극적인 목적은 행복하게 죽는 것이라고 생각해. 사람이 행복하게 죽으려면 죽기 전에 온전히 다 쓰여야만 해. 가치 있다고 생각되는 목적에 온전히 쓰이는 것이지. 나는 과학자는 아니지만 너와 나의 마음속에 자리한 연민을 위해 기도하마.

삶을 살아라

"삶을 살아라"라는 말을 많이 들어봤을 것이다. 이것보다는 "삶의 목적을 찾아라"라는 표현이 더 정확하다. 왜일까?

《좌뇌와 우뇌 사이》의 저자 마지드 포투히(Majid Fotuhi) 박사는 이렇게 주장했다.

"삶의 목적은 뇌의 인지 능력 노화를 막아주는 가장 중요한 요인 중 하나다. 삶의 목적 점수가 높은 사람일수록 점수가 낮은 사람보다 70대와 80대에 인지 능력이 좋을 가능성이 2.5배 높다. 시카고의 러시 대학교 메디컬 센터 연구진에 따르면, 점수가 높은 사람일수록 알츠하이머 위험이 절반으로 줄어든다."[30]

포투히 박사의 주장을 더 자세히 살펴보자. "점수가 높은 사람일수록 점수가 낮은 집단보다 뇌졸중 발생 횟수가 절반밖에 되지 않는다는 것이 한 이유일 수 있다. 또한, 그들은 스트레스 호르몬 수치가 낮고 HDL 콜레스테롤 수치가 높으며 염증이 적고 더 큰 행복감을 느끼며 전반적인 웰빙 수준이 높다. 볼티모어에 있는 존스홉킨스 대학교가 최근에 시행한 연구에 따르면, 공립 학교의 학생들을 도와주는 목적 있는 활동을 2년 동안 실시한 노인들은 인지 기능이 개선되고 뇌에서 기억과 학습에 중요한 역할을 담당하는 부분의 용적도 많이 늘었다. 엄지손가락만 한 그 부분을 해마라고 하는데 50세 이후로 연간 0.5% 줄어든다고 한다. 이 연구에서 활동적인 그룹은 뇌 수축이 멈추었으며 뇌의 노화 효과가 완전히 반전되어 해마의 크기가 1.6%나 커진 예도 있었다."[31]

이처럼 삶의 목적이 우리 몸에 주는 영향을 입증하는 강력한 과학적 증거는 중요한 의미가 있다. 포투히 박사는 "삶의 목적이 약만큼이나 기억력과 인지 건강에 효과적이라는 사실을 사람들에게 교육할 필요가 있다. 뇌졸중 발생 횟수와 알츠하이머 위험을 줄여주고 해마의 노화를 반전시키는 효과가 입증된 약이 있다고 해보자. 당신은 그런 약에 돈을 얼마나 내겠는가? 그 어느 때보다 세상에 삶의 목적이 필요하다는 흥미로운 과학적 증거가 있다"고 말했다.

목적이 건강, 행복, 장수에 끼치는 영향을 분명히 보여주는 연구들도 있다. 패트릭 힐(Patrick Hill)이 이끄는 캐나다 칼턴 대학교 연구진은 1994년부터 20~70대 6000명 이상을 대상으로 삶의 목적의식을 평가하는 설문조사를 시행했다. 힐은 그 후 14년 동안 응답자들을 추적했다. 그동안 569명(전체의 약 9%)이 세상을 떠났다. 사망한 이들은 목적의식과 긍정적인 인간관계가 적은 편에 속했다. 그리 놀라운 결과는 아니었다.

놀라운 점은 강한 목적의식이 평생 사망 위험을 낮춰준다는 사실이었다. 추적 조사 기간에 목적의식이 젊은층과 중년, 노년 참가자들에게 똑같은 효과를 보였다. 연구진이 기대하지 못한 일이었다. 힐은 "삶의 목적이 젊은층과 노인층의 수명을 늘려준다는 사실은 매우 흥미로우며, 생각의 위력을 보여준다"고 말했다.

그는 계속해서 설명했다. "우리의 연구 결과는 인생의 방향을 찾고 이루고자 하는 목표를 세우는 것이 목적을 찾는 시점과 관계없이 장수를 도와준다는 사실을 보여준다."

그 이전에 이루어진 연구들에도 삶의 목적을 찾으면 사망 위험이 줄어든다는 것을 비롯해 장수를 예측하는 요인들이 나타났다.

하지만 힐은 시간의 흐름에 따라 혹은 인생의 중요한 변화를 겪은 후에 목적이 주는 이득도 달라지는지를 알아본 연구가 거의 없다는 사실을 발견했다. 현재 연구진은 삶의 목적이 사람들로 하여금 더 건강한 생활방식을 채택하게 하여 수명을 늘려주는지 살펴보고 있다.

목적은 건강관리 비용을 줄여준다

최근 학술지 《미국국립과학원 회보(Proceedings of the National Academy of Sciences)》에 실린 연구에 따르면, 삶의 목적은 개인에게 건강을 돌보는 동기를 부여함으로써 건강관리 비용을 크게 줄여줄 수 있는 것으로 나타났다. 목적이 있는 사람들은 건강한 삶에 대한 욕구가 있고 암 검진 같은 건강 서비스를 자주 이용했다. 연구진은 건강 및 퇴직 연구(Health and Retirement Study)에 참여한 7000명을 6년 동안 살펴보았는데 모두 50세 이상으로 다양한 집단을 대표했다.[32]

삶의 목적이 있는 사람일수록 콜레스테롤 검사와 대장내시경 검사를 받을 확률이 높았다. 목적이 있는 여성은 유방 조영술과 자궁경부암 검사를 받을 확률이 높았으며 남성은 병원에 입원하는 시간이 17% 적었다. 연구자들은 삶의 목적에 대한 더 많은 연구가 건강관리 비용을 크게 줄여줄 것으로 내다보고 있다.

미국 은퇴자협회의 경력 봉사단(Experience Corps) 프로그램[33]은 의미 있는 해결책을 내놓았다. 이 비영리 단체는 지난 10년 동안 55세 이상의 사람들을 학습에 도움이 필요한 유치원생들과 연결해주고 그들이 초등학교 3학년이 될 때까지 관계가 이어지도록 했다. 미국 19개 도시에서 자원봉사자들이 읽고 쓰기를 가르쳤다. 학생들의 시험 점수는 물론 삶에 대한 만족도도 높아졌다.

봉사자들 또한 몸과 마음의 웰빙 수준이 크게 올라갔다. 우울증이 줄어들고 신체 운동 능력과 활력, 유연성이 개선되었으며 기억력도 향상되었다.

목적의 의학적인 효과는 측정하기 어렵지만 그렇다고 무시해서는 절대 안 된다. 증거 기반의 의학은 물론 중요하다. 만약 의사들이 삶의 목적을 키울 수 있는 처방전을 써준다면 어떨까?

목적 처방전

목적 처방전이 알츠하이머 진행 속도를 늦춰줄 수 있을까? 그건 정확히 알 수 없다. 하지만 최근 연구에서는 삶의 목적이 있으면 알츠하이머를 막아주는 것으로 나타났다. 시카고에 있는 러시 대학교 메디컬 센터는 1997년부터 노인 1500명을 연구했다.[34] 모두 치매에 걸리지 않은 이들이었다.

참가자들은 해마다 신체, 심리, 뇌 건강을 알아보는 검사를 받았다. '아무런 목적 없이 살아가는 사람들도 있지만 나는 거기에 속하지 않는다' 같은 설문 항목을 통해 목적의식도 측정했다.

목적의식 점수가 높게 나온 사람들은 삶에 목표와 방향성이 있는 이들이었다. 그들은 과거와 현재의 삶에 의미가 있다고 느꼈다. 신념이 있었고 삶의 목표와 방향도 있었다.

점수가 낮게 나온 사람들은 삶의 의미에 대한 의식이 약했다. 목적이나 방향성이 없었고 지나온 삶에서 목적을 발견하지 못했으며 삶에 의미를 부여하는 관점이나 신념도 없었다.

연구진은 연구가 이루어진 기간에 사망한 246명에 대해 알츠하이머 환자의 뇌에서 나타나는 단백질 플라크와 실타래가 발견되는지 살펴보았다. 강한 목적의식이 인지 기능의 저하를 막아주는 뇌 세포 간의 연결성을 강화해 이른바 인지적 비축분(Cognitive Reserve)에 개선이 이루어질 수 있는지 알아보려는 것이었다.

결과적으로, 목적의식 점수가 높은 사람들도 뇌에 단백질 플라크와 실타래가 나타날 확률이 점수가 낮은 사람들과 비슷했다. 하지만 그들은 기억과 사고 검사 점수가 높게 나왔다. 이는 인지적 비축분이 강력하다는 가능성을 시사하는 것이었다.

《일반 정신의학 아카이브(Archives of General Psychiatry)》에 실린 이 연구의 주요 저자 패트리샤 A. 보일 박사는 "의미와 목적이 있는 활동에 참여하면 노년에 인지 건강이 촉진될 수 있음을 뜻하는 고무적인 사실이다"라고 밝혔다.

목적의식이 강하다고 알츠하이머에 걸리지 않는다는 보장은 없다. 그러나 도움은 될 수 있을지 모른다. 목적의식을 길러 뇌 건강을 개선한다는 접근법은 아직 의학 분야에 뿌리내리지 않았지만 충분히 가능한 이야기다. 이제 의사들이 목적의식을 길러주는 방법에 대해 배울 때가 되었는지도 모른다.

행복하면 더 건강할까?

이 질문을 유전적인 측면에서 살펴본 연구에 따르면, 행복의 정의에 따라 답이 달라진다.

최신 연구에서는 자신의 밖을 향하는 유데모니아적 행복 (Eudaimonic Happiness, 아리스토텔레스가 말한 진정한 행복 '유데모니아'에서 나온 숭고한 목적이 있는 삶의 추구-옮긴이)과 면역계의 강력한 상관성이 발견되었다. 흥미롭게도, 자기만족을 추구하는 얄팍한 헤도니아적 행복 (Hedonic Happiness, 쾌락주의-옮긴이)은 면역력을 떨어뜨린다고 한다.

《미국국립과학원 회보》에 실린 이 연구는 심리학자 바버라 프레드릭슨(Barbara Fredrickson)과 의학 교수 스티븐 콜(Steven Cole)의 주도로 면역계를 담당하는 주요 유전자의 활동을 측정했다. 웰빙 관련 질문에 답하는 형식으로 참가자들의 행복 수준과 유형을 알아본 것이다.

예상대로 쾌락주의적 행복을 추구하는 사람은 일반적으로 오랜 스트레스에 의해 촉발되는 면역계 유전자 활동의 수치가 높았다.

염증을 높이고 항바이러스 반응을 줄이는 활동이었다. 반대로 유데모니적 행복을 추구하는 사람은 바람직하지 않은 유전자 활동이 적었다. 이 연구 결과는 목적의식이 자기만족을 위한 행동보다 더 긍정적인 효과가 있음을 시사한다.[35]

진정한 행복을 위해서는 자기만족을 초월하는 목적의식이 필요하다고 인간의 유전자가 말하고 있는 셈이다.

행복보다 의미가 건강에 유익할까?

—

과학의 발달과 건강한 생활방식이 인간의 기대수명을 계속 늘리고 있다. 철학자와 과학자들은 궁극적으로 삶을 가치 있게 해주는 것이 무엇인지 계속해서 연구하고 있다. 가치 있는 삶이란 행복으로 가득한 삶인가 아니면 목적과 의미로 가득한 삶인가? 둘에 차이가 있을까?

노벨상을 받은 프린스턴 대학교의 심리학자 대니얼 카너먼(Daniel Kahneman)도 이 질문에 대해 파고들었다. 그는 삶의 후반기에 이를수록 기억밖에 남지 않는다고 주장한다. 머릿속에 있는 것이 물질적인 소유보다 더 중요하다는 것이다.[36]

카너먼 같은 연구자들은 '행복 vs. 의미'의 주제를 깊이 파고들어 의미 있는 삶과 행복한 삶의 차이를 밝히고자 한다. 그들의 연구는 삶에서 행복이 전부가 아님을 시사한다. 물론 이런 질문도 제기된다. "행복이란 무엇인가?" 과연 토론할 가치가 있는 질문이기나 한 것일까?

플로리다 주립 대학교의 심리학 교수 로이 바우마이스터(Roy Baumeister)는 행복한 삶과 의미 있는 삶은 다르다고 믿는다.《긍정 심리학 저널(Journal of Positive Psychology)》에 발표된 스탠퍼드 대학교, 미네소타 대학교와 함께 진행한 연구 결과를 바탕으로 하는 주장이다.[37]

이 연구는 행복과 의미의 상관성을 알아보고자 성인 397명을 대상으로 설문조사를 진행했다. 항상 그렇지는 않지만 의미 있는 삶과 행복한 삶이 함께하는 경우가 많다는 그리 놀랍지 않은 결과가 나왔다. 그렇다면 삶이 의미 있지만 행복하지 않을 수도 있을까? 행복하지만 의미가 없을 수도 있을까? 앞으로 주목해야 할 질문이다.

연구 결과에 따르면, 의미는 개인이 건강하거나 부유하거나 편안함을 느끼는지와 관계없지만 행복은 그런 것들과 관계가 있다고 한다. 좀 더 구체적으로 말하자면 연구진은 의미 있는 삶과 행복한 삶의 다섯 가지 차이를 발견했다. 그 차이는 다음과 같다.

- 행복한 사람은 의미 있는 삶과 관계없는 필요와 욕구를 충족한다.
- 행복은 현재에 초점이 맞춰져 있지만 의미는 과거, 현재, 미래에 대해 생각하는 데서 나온다.

- 의미는 타인에게 베푸는 것에서 나오지만 행복은 남이 나에게 준 것으로부터 나온다.
- 의미 있는 삶에는 도전과 스트레스가 많다.
- 자기표현은 의미에 중요하지만 행복에는 그렇지 않다.

결국, 모든 바람직한 토론이 그러하듯 각자 결론에 이르러야 한다. 하지만 바우마이스터는 이렇게 결론지었다. "의미 있는 삶은 행복에 기여하고 행복은 삶에 의미를 찾도록 도와준다."

행복하려면 이유가 있어야 한다

삶의 쾌락에만 초점이 맞춰져 있으면 행복으로 이어지는 길을 잘못 들어설 수 있다. 바우마이스터도 역시 "수 세기 동안 내려온 지혜가 말해주듯, 쾌락을 위한 쾌락을 추구하면 장기적으로 행복해질 수 없다"고 말했다.

더 오래, 더 행복하게 살기 위해서는 커다란 맥락에서 의미가 있어야 한다. 일에서 의미를 찾으려면 자아에서 벗어나 시야를 넓혀야 한다.

결국 다시 빅터 프랭클의 지혜로 돌아간다. 행복에 대한 그의 관점 말이다. 나치의 강제수용소에서 상상조차 할 수 없는 고통을 겪은 후 그는 이렇게 적었다.

"인간은 항상 자기 자신이 아닌 어떤 것 혹은 그 어떤 사람을 지향하거나 그쪽으로 주의를 돌린다. 그것은 성취해야 할 의미일 수도 있고 혹은 그가 대면해야 할 사람일 수도 있다. 사람은 자기 자신을 잊으면 잊을수록, 즉 봉사할 이유나 다른 사람을 사랑할 이유에 자신을 바침으로써 더 인간다워진다."

프랭클의 지혜는 수많은 사람에게 깊은 감동을 주었다. 의미의 추구가 인간을 인간답게 만든다는 것에 다들 동의할 것이다. 프랭클 역시 이렇게 말했다. "행복은 얻으려고 한다고 얻어지는 것이 아니라 어떤 일의 결과로서 나타난다. 행복하려면 이유가 있어야 한다."

가치 있는가?

당신은 자신의 가치관을 적극적으로 실천하고 연민을 베풀고 세상에 가치를 더하기 위해 아침에 일어나는가? 목적을 찾아가는 시간을 가치 없다고 말하는 사람을 한 번도 보지 못했다. 목적을 가지고 살아가는 사람들은 삶이 풍요로워졌다고 말한다. 생각지도 못한 것을 얻었고 상상도 못한 기분을 느끼게 되었다고 이야기한다.

그렇다면 목적의 힘이 모든 걱정과 문제를 없애줄까? 아니다. 하지만 목적이 있는 사람들은 목적 덕분에 삶이 달라졌음을 안다. 더욱 풍성하고 충만해졌으며 활력이 넘치고 열린 마음으로 세상을 바라보게 되었다.

목적의 힘은 자신보다 거대한 무언가(신, 자연, 더 높은 존재)와 이어져 인생에서 길을 잃었을 때 다시 길을 찾게 해준다. 그 연결감은 건강, 행복, 장수에 매우 강력한 힘을 발휘한다. 결국 삶의 의미를 찾으면 더 오래 행복하게 살 수 있다.

감사의 말

목적을 찾아가는 길에서 많은 사람의 도움을 받았다. 이 책에 언급된 이야기의 주인공들도 있다. 감사를 전한다. 목적의 길에서 나를 이끌어준 지혜로운 어른과 영적 스승들에게도 감사의 마음을 전하고 싶다.

이 책이 나오기까지 활기찬 모습으로 많은 격려를 보내준 편집자 닐 멀렛(Neal Mallet)을 비롯해 목적의 중요성을 아는 사람들, 출판사 팀원들에게 감사하다. 그들은 작가라면 누구나 꿈꾸는 최고의 팀이다.

빅터 프랭클은 내 삶과 일, 글에 막대한 영향을 끼쳤다. 삶의 목적에 관한 나의 모든 관점이 그의 영향을 받았다. 많은 영감을 준 그에게 감사한다.

마지막으로 아내 샐리에게 사랑과 감사의 마음을 전한다. 나는 그녀와의 관계에서 목적의 진정한 힘을 배운다.

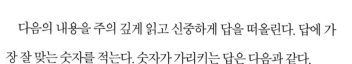

참고
자료

목적 진단 테스트 ▶

다음의 내용을 주의 깊게 읽고 신중하게 답을 떠올린다. 답에 가장 잘 맞는 숫자를 적는다. 숫자가 가리키는 답은 다음과 같다.

0. 잘 모르겠다.

1. 확실히 아니다.

2. 약간 아니다.

3. 약간 그렇다.

4. 확실히 그렇다.

| 소유(외적인 삶)

____ 아침에 활기찬 기분으로 일어난다.

____ 삶에 만족하고 가진 것에 감사한다.

____ 중요하다고 생각하는 일에 대해 위험을 무릅쓴 적이 있다.

____ 내가 가진 선물과 재능을 세상에 나눌 방법을 찾았다.

____ 미래가 기대되고 희망적이다.

____ 하지 않은 일에 대해 후회가 많지 않다.

____ 보람 있는 하루를 보냈다는 생각으로 잠자리에 든다.

소유 점수 합계 _____ 점

┃행동 (내적인 삶)

_____ 남을 위해 뭔가를 하는 것이 중요하다고 생각하며 시간을 낸다.

_____ 중요한 결정을 내릴 때는 나에게 중요한 것이 무엇인지에 초점을 맞춰서 결정한다.

_____ 혼자 있는 시간이 즐겁다.

_____ 내가 잘하는 일이 무엇인지 알고 사람들의 삶을 바꾸는 데 활용한다.

_____ 시련을 마주하는 용기가 있다.

_____ 계속 성장하고 베푼다.

_____ 세상을 구하고 즐기는 일의 균형을 유지하고 있다.

행동 점수 합계 _____ 점

┃존재 (영적인 삶)

_____ 더 높은 존재의 존재감을 느낀다.

_____ 영적 수행을 꾸준히 하고 있다.

_____ 자연 속에 있으면 신적인 존재가 느껴진다.

_____ 타인에게 기꺼이 연민을 베푼다.

_____ 타인에게 기꺼이 용서를 베푼다.

_____ 내 삶에 깊은 감사를 느낀다.

_____ 어떤 사람으로 기억되고 싶은지 잘 알고 있다.

존재 점수 합계 _____ 점

목적 진단 테스트 총 합계 _____ 점

| 해석

소유(외적인 삶) : 외적인 경험과 활동의 영역이다. '소유'와 관련된
　　　　　　　선택과 활동이 얼마나 효과적으로 이어져 있는가
　　　　　　　를 말한다.

행동(내적인 삶) : 내적인 경험과 활동의 영역이다. '행동'과 관련된
　　　　　　　선택과 활동이 얼마나 효과적으로 이어져 있는가
　　　　　　　를 말한다.

존재(영적인 삶) : 눈에 보이지 않는 경험과 영적인 활동의 영역이다.
　　　　　　　'존재'와 관련된 선택과 활동이 얼마나 효과적으로
　　　　　　　이어져 있는가를 말한다.

| 점수

각 영역의 점수는 그 영역에서 당신의 발달을 측정하는 기준이
다. 당신의 목적 진단 테스트 총점(84점 만점)은 현재 당신의 삶에서
목적의 힘이 어느 정도인지 보여준다.

64~84점: 당신은 목적이 있는 삶을 살고 있다. 자신에게 무엇이

중요한지는 물론 자신이 세상에 중요한 존재임을 잘 알고 있다.

43~63점: 기본적으로 충만함이 있다. 성장과 나눔을 계속해야 한다.

22~42점: 목적이 좀 더 명료해져야 한다. 재능, 열정, 가치관에 대해 분명하게 알아보자.

0~21점: 목적이 있는 삶은 소수의 사람만을 위한 것이 아니다. 지금 점수가 낮다고 포기하지 마라. 과정을 따라가면 목적이 힘을 분명 발휘할 수 있다.

목적에 부합하는 일인지 알아보는 퀴즈 ▶

다음 질문을 읽고 '그렇다' 또는 '아니다'로 답해보자.

그렇다　아니다

☐　☐　월요일에 활기찬 상태로 일어나 출근하는가?

☐　☐　소명을 느끼는가?

☐　☐　한 인간으로서 성공을 평가하는 분명한 잣대가 있는가?

☐　☐　나에게 주어진 재능을 활용해 타인의 삶에 가치를 더하는가?

☐　☐　가치관이 비슷한 사람들과 함께 일하고 있는가?

☐　☐　직장에서 솔직한 의견을 드러낼 수 있는가?

☐　☐　일에서 진정한 즐거움을 느끼는가?

☐　☐　좋아하는 일을 하면서 먹고사는가?

☐　☐　내 삶의 목적을 분명하게 한 문장으로 말할 수 있는가?

☐　☐　보람찬 하루였다고 느끼며 잠자리에 드는가?

'그렇다'의 수는 지금 하는 일이 삶의 목적에 부합하는지를 말해
준다. '그렇다'가 많이 나왔다면 세상을 변화시키는 일을 하고 있다
는 뜻이다. 뚜렷한 목적이나 방향이 있는 상태다. 하지만 자신의 재
능, 열정, 가치관을 좀 더 분명하게 파헤쳐야 할 필요가 있을 수도
있다.

목적 수행 모임 만들기 ▶

1차 모임: 나의 목적은 무엇인가?

—

읽기: 들어가며, 1~4장

과제: '인생을 다시 살 수 있다면 어떻게 하겠는가'에 대해 생각
해보기, 목적 진단 테스트

토론: 인생을 다시 살 수 있다면 어떻게 하겠는가?

목적 진단 테스트 결과에 대해 이야기하기

목적에 대한 잘못된 편견 네 가지 이야기하기

2차 모임: 목적 탐구

—

읽기: 5~8장

과제: 목적의 세 단계 복습하기

토론: 목적의 세 단계 중 어느 단계에 놓여 있는가?

무엇이 당신을 부르는가?

당신의 재능은 무엇인가?

가치 있는 일이 무엇인가?

여덟 가지 지능을 읽고 각자의 재능을 비교해보기

조지 버나드 쇼의 인용문을 읽고 토론해보기(8장 참고)

무엇에 호기심을 느끼는가?

한 명씩 자신의 목적 여정을 설명해보기

3차 모임: 목적과 일

읽기: 9~12장

과제: 목적 찾기 휴가 관련 질문에 답하기, 목적에 부합하는 일인
지 알아보는 퀴즈 풀기

토론: 각자의 목적 선언문 소리 내어 읽기

목적 찾기 퀴즈 결과에 대해 이야기하기

4차 모임: 목적과 웰빙

읽기: 13~15장

과제: 목적 학교에서 가르쳐주는 교훈 읽기, '과학으로 목적을 설
명할 수 있을까?' 읽기

토론: 목적 학교의 가르침 다섯 가지

과학 vs. 영성

어떻게 하면 의미를 찾고 더 행복하게 살 수 있을까?

주석

1. For more information about this study, visit www.MatureMarketInstitute.com

2. O. Carl Simonton, 《The Healing Journey》 (lecture, Denver, 1996)

3. Terry Fox(1958–1981) was a Canadian humanitarian, athlete, and cancer treatment activist. He is considered one of Canada's greatest heroes—in a public opinion poll he was voted the most famous Canadian of the twentieth century. For more information, see www.terryfox.com

4. Pat Murphy and William Neill, 《By Nature's Design》 (San Francisco: Chronicle Books, 1993)

5. Mary Catherine Bateson, 《Composing a Life》 (New York: Plume, 1990)

6. Peter Drucker, interview, 《Psychology Today》, October 1968

7. Ernest Becker, 《The Denial of Death》 (New York: Free Press, 1973)

8. Albert Schweitzer, 《Peace or Atomic War?》 (New York: Henry Holt and Company, 1958)

9. Sigurd F. Olson,《Open Horizons》(New York: Knopf, 1969)

10. The full quotation is "Many people die with their music still in them. Why is this so? Too often it is because they are always getting ready to live. Before they know it, time runs out."

11. Phillip L. Berman, 《The Courage of Conviction》(New York: Dodd, Mead, 1985)

12. Richard Gregg, quoted in Duane Elgin, 《Voluntary Simplicity: Toward a Way of Life That Is Outwardly Simple》, Inwardly Rich, rev. ed. (NewYork: Quill, 1998)

13. Howard Gardner, 《Multiple Intelligences: New Horizons》(New York: Basic Books, 2006)

14. Mihalyi Csikszentmihalyi, 《Flow: The Psychology of Optimal Experience》 (New York: Harper & Row, 1990)

15. Matthew Fox, 《The Reinvention of Work: A New Vision of Livelihood for Our Time》(New York: HarperCollins, 1995)

16. Juliet B. Schor, 《The Overworked American: The Unexpected Decline of Leisure》(New York: Basic Books, 1991)

17. James A. Autry, 《Love and Work: A Manager's Search for Meaning》(New York: Morrow, 1994)

18. Rainer Maria Rilke, 《Letters to a Young Poet》, trans. Franz Xaver Kappus, intro. Reginald Snell (New York: Random House, 1984)

19. Deborah C. Stephens, ed., 《The Maslow Business Reader》(New York: John Wiley, 2000)

20. Elizabeth W. Dunn, 'A Policy of Happiness', 《UBC Reports 55》, no. 1(January 8, 2009)

21. Sonia Lyubomirsky, 《The How of Happiness: A Scientific Approach to Getting the Life You Want》(New York: Penguin, 2008)

22. David M. Levy, 'No Time to Think', video of a presentation at Google,

www.youtube.com/watch?v=KHGcvj3JiGA

23. Thomas Hylland Eriksen,《Tyranny of the Moment: Fast and Slow Time in the Information Age》(London: Pluto Press, 2001)

24. Franklin describes the formation of the Junto, also known as the Leather Apron Club, in his autobiography, The Private Life of the Late Benjamin Franklin, written in French and first published in English in 1793.I created my own Junto based on Franklin's model

25. Approximately twenty-three hundred citizens of Albert Lea participated in the Vitality Project from January to October 2009. www.cityofalbertlea.org/doing-business/aarpblue-zones-city-healthmakeover/for more information

26. Dan Buettner,《The Blue Zones: Lessons for Living Longer from the People Who've Lived the Longest》(Washington, DC: National Geographic,2008)

27. His Holiness The Dalai Lama and Edward C. Cutler, 《The Art of Happiness at Work》(New York: Riverhead Books, 2003)

28. For more information visit the Center for Compassion and AltruismResearch and Education, www.ccare.stanford.edu

29. Alice Calaprice,《Dear Professor Einstein: Albert Einstein's Letters to and From Children》(Amherst, New York: Prometheus Books, 2002)

30. From conversations and correspondence with Dr. Majid Fotuhi, Memosyn, Chairman, Neurology Institute, Lutherville, MD, www.memosyn.com

31. 'Having a Sense of Purpose May Add Years to Your Life, Study Finds',May 12, 2014, http://medicalxpress.com/news/2014-05-purposeyears-life.html

32. For more information visit the Health and Retirement Study, National Academy of Sciences, www.nasonline.org

33. For more information visit Experience Corps – AARP, www.aarp.org/experience-corps.35. Rush University Medical Center, Rush Alzheimer's Disease Center, www.rush.edu

34. Rush University Medical Center, Rush Alzheimer's Disease Center, www.

rush.edu

35. For more information visit the National Academy of Sciences, www. nasonline.org.

36. Daniel Kahneman, 《Thinking, Fast and Slow》 (New York: Farrar, Straus& Giroux, 2011)

37. Roy Baumeister, 《Journal of Positive Psychology》 (August, 2013)

참고문헌

Baumeister, R. F. and Tierney, J., 《Willpower: Recovering the Greatest Human Strength》, NY: Penguin Press, 2011

Berger, Warren., 《A More Beautiful Question: The Power of Inquiry to Spark Breakthrough Ideas》, NY: Bloomsbury, 2014

Bolles, Richard., 《How to Find Your Mission in Life》, Berkeley, CA: Ten Speed Press, 1991

Buettner, Dan., 《Thrive: Finding Happiness the Blue Zones Way》, Washington, DC: National Geographic Society, 2010

Cashman, Kevin., 《The Pause Principle: Step Back to Lead Forward》, San Francisco: Berrett-Koehler, 2012

Christensen, Clayton., 《How Will You Measure Your Life?》, HarperBusiness, 2012

Crum, Thomas., 《Three Deep Breaths: Finding Power and Purpose in a Stressed-out World》, San Francisco: Berrett-Koehler, 2009

Csikszentmihalyi, Mihaly., 《Flow: The Psychology of Optimal Experience》, HarperPerennial, 1991

Fotuhi, Majid., 《Boost Your brian: The New Art & Science Behind Enhanced Brain Performance》, NY: HarperOne, 2013

Frankl, Viktor., 《Man's Search for Meaning》, NY: Pocket Books, 1977

Grant, Adam., 《Give and Take: Why Helping Others Drives our Success》, Penguin, 2014

Hurst, Aaron., 《The Purpose Economy: How Your Desire for Impact, Personal Growth, and Community is Changing the World. Boise》, ID: Elevate, 2014

Klein, Daniel M., 《Travels with Epicurus: A Journey to a Greek Island in Search of a Fulfilled Life》, Penguin, 2012

Leider, Richard J., and Shapiro, David A., 《Claiming Your Place at the Fire: Living the Second Half of Your Life on Purpose》, San Francisco: Berrett-Koehler, 2004

Leider, Richard J., and Shapiro, David A., 《Repacking Your Bags: Lighten Your Load for the Rest of Your Life》, San Francisco: Berrett-Koehler, 2012

Leider, Richard J., and Shapiro, David A., 《Something to Live For: Finding Your Way in the Second Half of Life》, San Francisco:Berrett-Koehler, 2008

Leider, Richard J., and Shapiro, David A., 《Work Reimagined: Unlocking Your Purpose》, Oakland: Berrett-Koehler, 2015

Leider, Richard J., and Webber, Alan M., 《Life Reimagined: Discovering Your New Life Possibilities》, San Francisco: Berrett-Koehler, 2013
Lyubomirsky, Sonja., 《The Myths of Happiness: What Should Make You Happy, But Doesn't. What Shouldn't Make You Happy But Does》, Penguin, 2013

Palmer, Parker., 《Let Your Life Speak: Listening for the Voice of Vocation》, San Francisco: Jossey-Bass, 2000

Santorelli, Saki., 《Heal Thy Self: Lessons on Mindfulness in Medicine》, NY: Harmony, 2000.

Seligman, Martin E. P., 《Flourish: A Visionary New Understanding of Happiness and Well-Being》, NY: Atria Books, 2012

제대로 살고 싶다면 목적을 찾아라!

목적은 우리의 삶이 가리키는 방향이자 활력의 원천이며 진정한 자신의 모습이다. 자기 자신과 미래를 더 분명히 바라볼 수 있게 해주는 창과도 같다.

목적은 나이와 건강, 경제 및 사회적 상황과 상관없이 존재한다. 당신이 세상에 태어난 이유이자 아침에 일어나는 이유이기도 하다. 자신의 가치관을 적극적으로 실현하고 연민의 태도로 타인을 바라보게 하며 세상에 보탬이 되는 일을 하고자 아침에 일어나게 만든다.

한마디로 목적은 삶에 의미를 부여하며 우리가 파도치는 인생에서 길을 잃었을 때 다시 길을 찾는 법을 알려준다.

파도치는 인생에서
다시 길을 찾는 법

초판 1쇄 인쇄 2020년 10월 15일 **초판 1쇄 발행** 2020년 10월 31일

지은이 리처드 J. 라이더
옮긴이 정지현
펴낸이 연준혁

출판부문장 이승현
편집 2본부 본부장 유민우
편집 2부서 부서장 류혜정
편집 임경은
디자인 신나은

펴낸곳 ㈜위즈덤하우스 **출판등록** 2000년 5월 23일 제13-1071호
주소 경기도 고양시 일산동구 정발산로 43-20 센트럴프라자 6층
전화 031)936-4000 **팩스** 031)903-3893 **홈페이지** www.wisdomhouse.co.kr

ISBN 979-11-91119-38-1 03320